保祿思想中的
救恩之路

PAUL'S
THREE PATHS TO
SALVATION

— by —

Gabriele Boccaccini

李建峰 譯　　崔寶臣 審訂

獻給阿洛瑪（Aloma）

CONTENT

CONTENT

〈推薦序〉

耶穌給保祿的啟示是甚麼？

　　博卡契尼教授這本書的中譯本出版，是延續一項特別心意的出版計畫——始於薩奇（Paolo Sacchi）教授的《耶穌和他的子民》——希望能提供讀者了解新約著作的文化背景研究，以及此研究的重要進展。

　　因著「死海古卷」重見天日，我們逐漸明白第二聖殿時期（西元前五一五年至西元七〇年）的末期呈現出的猶太主義樣貌，是比過去研究的「拉比傳統」更加複雜和多元的，在群體和教義上都是如此；拉比傳統是猶太戰爭以後唯一倖存下來的猶太傳統。

　　薩奇教授的《耶穌和他的子民》，展示了在這種多元的文化背景下，如何闡明和理解福音書中所記載的耶穌言語和行為。薩奇的弟子博卡契尼的這本書，也依循相同的意圖和努力，讓我們知道在複雜和多元的猶太主義背景下，如何解釋保祿（保羅）[1]的書信和教義。

　　博卡契尼首先回顧了關於保祿的思想和個性的不同層面說法，並顯示這些說法是如何扎根於耶穌時代的活躍團體中的教義。因此，他所提供的保祿肖像，在某些方面是新穎

1. 本書內的聖經名詞的譯法採天主教思高聖經的譯法：名詞後的括號內的譯法，為基督新教譯名——編注。

的，並且使他的論述能夠擺脫其他背景、問題和文化利益相關的疊加解釋，冀希為讀者提供幾近正本清源的輪廓。

保祿身為那個時代的猶太人，他在耶穌身上找到了自己經歷過的、在學校辯論過的、以及在羅馬統治下的巴勒斯坦猶太人經歷過的種種問題的答案。

保祿透過初期團體所發現的耶穌，他不僅看到自己期望的實現，也明瞭這是民族期望的實現；甚至，更美好地是遠超越他們所等待的實現。因著博卡契尼研究的梳理，在保祿本人和他分享信仰的經文裏，舊約和新約的一致與區別，有了動人的表達。

博卡契尼表達觀點清晰有序。他設法讓讀者更了解聖保祿，並且以難以言喻的敘事技巧，幫助讀者逃離有關這位外邦宗徒的種種科學研究而編織成的錯綜複雜迷宮；這項優點在本書第一章的闡述中尤其明顯。他也對相關的研究發展，做了豐富的回顧和總結。

在接下來的內容中，博卡契尼的精確描述，有助於讀者理解「耶穌給他的啟示」（迦一16）所帶來的特殊道路，此啟示引導保祿走上一條嶄新的道路，重新解釋他的猶太信仰，並為後世提供了新的榮光。用博卡契尼的話來說，保祿「不認為耶穌運動是猶太教的替代品，而是猶太教的頂峰和真正形式」。

在接下來的章節中，博卡契尼基於對猶太運動的新理解，重點介紹了保祿思想的其他主題：末日主義、默西亞主義、悔改罪人的寬恕、耶穌在普世救贖工作中的角色、因信稱／成義、對行為的最終審判等等。

關於這些主題，博卡契尼的寶貴著作提供了深刻且豐富的信息，但唯一遺憾是：缺少關於聖神（聖靈）的闡述，而這在保祿思想中具有根本的重要性；若能在當代對猶太團體有全新的理解下深入這個主題，那將會是基督宗教的重要啟發。

本書的論題是保祿思想中有三種救贖之道。

保祿並沒有宣講兩條不同的救贖之路（一條為猶太人、一條為外邦人），而是傳講三種：

• 正義的猶太人有妥拉
• 正義的外邦人有自己的良心
• 罪人——以色列家中迷失的羊和那些在邪惡勢力下絕望倒下的外邦民族——有基督作為寬恕者

這篇基於《羅馬書》前四章的論點（即使保祿幾乎從未談到天主的「寬恕」，而是談到「和解」這詞），有一個神秘的特點：「你們中間誰沒有罪，先向她投石罷！」（若八7）。

「誰是沒有罪的？」

任何自以為正義的人，都必須思考這個問題。如果能深入到自己的深處：在那裏，他會明瞭，他所接受並滋養他的傳統無法保護他免於死亡的痛苦、無法保護他免受死亡的最終原因，也無法保護他免於對死後會發生甚麼的不確定性。事實上，就像耶穌一樣，保祿並沒有向那些已經擁有或相信自己已獲得救恩方法的人傳講或提供救恩。

保祿在自己身上發現、並幫助每個人發現，我們都是罪的犧牲品，只有在耶穌裏，我們才能找到妥拉和良心都無法

給予的救贖。這對每個人來說，都是絕對必要的。

　　我個人尚未認識博卡契尼教授，但在長時間研究他的著作後，我熱切渴望向他表達我的謝意，特別是對他的這本最後著作。

　　這本書對每位基督徒都有用，我甚至敢說幾乎是必要的，因為這本書幫助我們更好地理解保祿如何以思想和言語來表達他與耶穌相遇的神秘，以及那難以言喻的經歷。

　　（杜敬一，天主教聖方濟沙勿略會會士，羅馬宗座聖經學院聖經學碩士、輔仁聖博敏神學院神學博士）

重新認識保祿

　　「啟示」先後出版了《耶穌與死海古卷》（2020）、《耶穌和他的子民》（2022），及讀者手中的這本《保祿思想中的救恩之路》（2024），這些著作都在很大程度上幫助讀者更好地還原和了解《新約聖經》成書時代的猶太教背景，及其所蘊含的意義。

　　無人質疑，耶穌的出現影響了世界的歷史進程。但不可否認的是，耶穌的時代離我們已經很遙遠，為了更多和更準確地了解他的生活及信息，我們需要進入屬於他的時代與世界。

　　保祿是把耶穌的福音廣傳於當時羅馬帝國各地的重要人物；他的思想，成為基督宗教信仰中至為重要的部分。然而兩千年後的今天，我們越來越清楚地意識到，為了更好地詮釋保祿的思想，了解他那個時代的猶太教的狀況，同樣不可或缺。

一、還原真實的保祿

　　近些年來，對保祿的研究很是火熱，有作者甚至直言要還原真實的保祿及其思想。例如瑞士洛桑大學神學院的榮休

教授、知名新約聖經學者瑪爾格哈（Daniel Marguerat），用五百多頁的篇幅來向人們澄清對保祿的誤解[1]。他說，人們經常認為保祿脾氣暴躁、教條主義、排斥女性，甚至倡導反猶主義，等等；然而這些貼在保祿頭上的標籤，其實是來自人們對保祿書信中某些章節的誤解。所以瑪爾格哈要做的是「他用保祿自己的話，從歷史及神學的角度，來還原保祿的真實面貌」。

本書作者博卡契尼也是一樣，他認為過去對保祿的解讀忽略了一個重要的部分，那就是保祿時代的猶太教背景。很多基督宗教的學者，僅僅把保祿視為一位基督徒，所以把保祿本人的生活和思想，放在基督宗教的神學熔爐中去理解，然而這樣的詮釋方法是時代錯置；是後期的基督宗教信仰取材保祿的生活和宣講，而不是相反過來。

博卡契尼直言：現在是時候將保祿這個人物重置於他所屬的原初歷史語境（context）了。他也認為，真正的保祿既不專門屬於猶太教，也不僅僅屬於基督宗教，而是屬於第二聖殿時期的多元化猶太傳統。

作者在本書中強調，保祿從未皈依（意思是改變宗教），他出生、活著和死去，都是猶太人，永遠不該給保祿貼上前猶太人或猶太人民的前成員的標籤。

保祿對啟示的「改造性經驗」，徹底改變了他的生命和他對猶太教的理解方式，但這種經驗永不應被稱為皈依。保祿將他的忠誠從法利塞教派轉向耶穌運動，但沒有失去自己的

1. Daniel Marguerat, Paul de Tarse: *L'enfant terrible du christianisme* (Paris: Seuil, 2023).

任何猶太性，而是保持在第二聖殿猶太教多樣性的邊界之內。

二、第二聖殿時期的猶太教

托賴近代考古的成果及學者的研究，我們對第二聖殿時期的猶太教有了越來越清晰的了解。

耶穌及保祿時代重要的猶太教派，不僅有「法利塞人」、「撒杜塞人」及「撒瑪黎雅人」，也有「厄色尼人」、「匝多克派人」和「哈諾客派人」，等等。保祿是「法利塞人」，他並沒有因為加入耶穌運動而放棄自己作為「法利塞人」的身份，甚至在某些時候，他還會特意以此為自己辯護（參：宗二三 1-11）。

然而，作者在本書中最多提到的是「哈諾客派」[2]。哈諾客這個名字來自《創世紀》第五章所載、亞當後裔族譜中的一位族長。他的特殊之處在於被描寫為「與天主同行」，而且沒有經歷死亡，就被天主提去了（參：創五24）。《希伯來書》的作者也提到他，並稱讚他是因為信德，而蒙獲如此殊榮（希十一5）。也許正是因為哈諾客的這一神秘特色，第二聖殿時期的猶太教發展出以他為名的三部著作（《哈諾客一、二、三》）。

這些書中涉及到「惡」的起源的問題，尤其有名的是有關「魔鬼」的來源。如果說「救恩」與罪有關，那麼提到罪則不可避免會提到惡的問題，這恰是作者在這本書中要討

---

2. 博卡契尼教授本人是研究「哈諾客傳統」的專家。

論的問題。和哈諾客派緊密相關的另外一個主題是「默示文學」（apocalyptic literature）[3]。在第二聖殿時期，出現了大量的默示文學作品。作者認為，保祿的思想中，尤其在涉及到末日的救恩問題時，很大程度受到默示文學思想的影響。

三、關於保祿思想中「救恩」的討論

博卡契尼教授在本書中指出，保祿的思想非常活躍，但學界也不得不承認，他的神學帶有「悖論」的特徵，以致於「不得不接受矛盾和張力為保祿神學的穩定特徵」。在保祿如此錯綜複雜的思想中，作者採取的進路是，將「猶太教內的保祿的典範，作為理解保祿的對話的出發點，而不是作為結論。」

作者在本書要探討的核心問題，就是保祿關於「救恩」的觀點。為基督徒來說，聖經敘述的就是一部「救恩史」：人因為罪與天主的關係破裂，然而天主啟示自己為拯救的天主，祂的計畫是把所有的人從罪惡中拯救出來。那如何實現呢？保祿的宣講中自然不能避開這個主題。

根據作者的研究，尤其是把保祿放在其時代的猶太教多元傳統背景中，他最後得出的結論是，保祿所宣講的是三條不同的救恩之路；也就是說，為不同的人，獲得救恩的途徑也不同。為正義的猶太人來說，是透過遵守法律（妥拉）；為正義的外邦人來說，他們靠的是自己的良知；最後，為罪

---

3. 亦可譯為「天啟文學」、「啟示文學」。舊約中的《達尼爾書》和新約中的《默示錄》使用的就是此類文學體裁。

人來說（無論是猶太人還是外邦人），他們需要的是耶穌基督。

儘管這是作者經過一系列推證最後得出的結論，但他還是引用了基督徒合一委員會的聲明：「教會的信念是：基督是所有人的救主。因此，不會有救恩的兩條道路，因為基督除了是外邦人的救主，也是猶太人的救主。在此，我們直面天主工程的奧秘；這不是使猶太人皈依的福傳問題，而是對主將帶來的時辰的期待，那時我們所有人都會聯合起來。」（Document by the Pontifical Council for Promoting Christian Unity, December 15, 2015）

表面看來，作者得出的結論和基督徒合一委員會的聲明有某種矛盾，其實是對救恩的理解採取了不同的進路。基督來到世界是要拯救所有的人，但所有人因著耶穌基督而達到救恩的方式，未必相同。

保祿在自己的生命經驗中，親身體會了對獲得救恩的不同理解方式。他原是法利塞人，認為法律才是成義的唯一條件，並為此而迫害基督徒。然而在經驗到復活的主之後，他深刻認識到天主並沒有被自己給予選民的法律限制住，祂同樣也是外邦人的主，保祿也因而成為外邦人的宗徒。是在向外邦人宣講福音的過程中，保祿產生了「因信成義」的洞見。

筆者認為，這是很值得閱讀的一本書，博卡契尼教授透過這本書帶來很大的貢獻，是幫助人們認識保祿時代的猶太教的豐富性。由如此豐富的猶太宗教背景中，很難想像會生出單一僵化的信仰概念。

耶穌基督明言，他是道路、真理及生命，除非經過他，誰也不能到父那裏去（參：若十四6）。要理解基督帶來的救恩，或有不同的路徑；但是，路途是一致的。

（崔寶臣，瑞士弗立堡大學聖經神學博士，專長為舊約聖經神學）

對救恩的更大敘事

　　毋庸置疑，在基督宗教歷史上，除了耶穌本人之外，沒有人比保祿對傳統有更大的影響。整個基督宗教的信理和系統神學，或直接發展自保祿書信，或受到這些書信的影響。然而，在基督宗教歷史上，也沒有人比保祿遭受其公認的追隨者更大或更嚴重的曲解。這曲解部分歸因於保祿不可否認和相當頻繁的晦澀的自我表達方式；他是一位粗心大意的寫作者，連他最熱誠的讀者也願意承認這一點。保祿的風格幾乎一貫地倉促、碎片化、不循句法，甚至雜亂無序。這並非否認，在他的散文中也有十足的文采，有時近乎精緻；但這種文采是出於激情，而非文學上的優雅或辯證上的精確。讀者往往不是被他清晰和嚴密的論證引導，而是被他富有遠見和強烈的聲音感染。即便如此，使後世深受其苦的「對保祿的誤解」，大多是因為失去了語境——文化的、宗教的、語言的，以及哲學的語境。作為第一世紀的虔誠猶太人，保祿在猶太教的語境裏生活和寫作；這個猶太教既是閃族的，也是希臘—羅馬的，吸收了波斯和希臘智性世界的影響，但尚未完全演變出後來世紀裏的拉比傳統。他按範疇（categories）思考，同時既有顯著的猶太特點，又有普遍的希臘特點，但也是默示（啟示）的、默西亞（彌賽亞）的、形而上學的，

和先知性的;而養育他的第二聖殿猶太教,比今日我們中的大多數人可能認識到的猶太教,宗教上遠為多元,智性上遠為混雜。然而,到了奧斯定(Augustine)所充分闡釋的基督宗教思想的「保祿綜合」(Pauline synthesis)成形時,保祿的讀者已生活在基督宗教語境裏,保祿所知曉的智性和精神世界,大多已消失殆盡;在這樣的語境裏,保祿在世時活躍的猶太學派,也幾乎無人了解。

基督宗教的西方世界尤其如此;在那裏,除了難以正確解讀保祿的其他所有障礙,還有語言的隔閡。比如奧斯定,他是拉丁教父中最偉大的一位,基督宗教史上最偉大的頭腦之一,神學歷史上首批真正「系統地」解讀保祿的神學家之一;但他和保祿的世界相去甚遠。奧斯定既不了解一世紀的默示性猶太教,或第二聖殿「諾厄書卷」("Noachian" books)中的天使論和魔鬼論,也不了解這位宗徒洞察現實時必不可少且數不勝數的事物,且不能讀希臘文。最後,奧斯定以其全部的天賦,或多或少地發明了一個從未真正存在過的保祿,然後將他饋贈給後代的西方信教者。尤其在奧斯定的晚期著作中,他(坦率但災難性地)取了保祿的以下主張,即:並非諸如割禮和猶太飲食潔淨法等禮儀規定將人類置於與天主的「公正的」或「正義的」關係中;然後將之轉化成迥然不同的主張,即:人類完全不能透過任何種類的「行為」或「作為」(包括道德上的正義行為)而取悅天主。保祿將人類真確地描述為在罪和死亡的奴役下誕生的家族,而奧斯定也使保祿的這一描述或多或少與一個完全謬誤的論述互換,這個論述將人類繼承的罪性看作單一的「被定罪群眾」(*massa dam-*

nata）。而且，不論奧斯定是否是不正當地將保祿思想中的「成義」和「救恩」混為一談的第一位神學家，他無疑是如此做的神學家中最具影響力的一位。保祿很明確地教導說，天主將按人類的行為來審判他們；奧斯定卻比基督宗教歷史上任何其他神學家都有過之無不及地將保祿的這一教導轉化為一個晦澀難懂和故意不明不白的教導，即：在審判日，天主將僅以自己的功德給一些靈魂加冕；天主已將全然的恩寵，不配的揀選，賦予了這些靈魂。

　　這就是主導了西方基督宗教思想大多數世紀的保祿，不論他是被教會權威和神學家愉悅地接納，還是部分地抵制。這是阿基坦的普羅斯珀（Prosper of Aquitaine）和富爾根蒂烏斯・魯斯潘西斯（Fulgentius Ruspensis）的保祿，也是戈特沙爾克（Gottschalk，以更具爭議和更極端的表達）的保祿；這也是現代早期的路德（Luther）、加爾文（Galvin）和楊森（Jansen）的保祿，也是過分雕琢的多瑪斯主義者的保祿。在這一切之中，最具悲劇性的是，這也是某些持久詆毀和諷刺猶太教的基督徒的保祿。書信中的保祿是這樣一位猶太人：他認為福音拆除了盟約的真正兒女與外邦人之間的分裂之牆，好讓所有人都能領受天主的寬恕，活在正義中。但是，上述神話中的保祿卻是一位拒絕了猶太教的「律法主義」（legalism）和「善行主義」（works righteousness）的基督徒。就連那些極大地改進了這種狀況的對保祿的現代「修正主義」解釋最具劃時代意義的（可能是桑德斯〔E. P. Sanders〕的解釋），仍傾向保留一些關於法律與福音「對立」的簡化論述。就連許多力求更堅定地將保祿定位於猶太文化語境和猶

太神學風格的學者，也逐漸傾向造出一個一世紀猶太教的基督宗教化的圖景——一個沒有耶穌的新教。這個圖景由後期先知和晚很多的猶太法學傳統混合調製而成，清洗了第二聖殿的默示觀和所有「外來的」影響（波斯的、希臘文化的，等等）。

在某種意義上，這就是今日的西方基督宗教所傾向的大致立場。去問問普通的美國基督徒——比如，一些和藹可親、經常去教堂，並擁有一本新國際版（New International Version）聖經的長老會成員，保羅宣講的是甚麼福音。得到的回覆通常會因循可預測的說法：人類擔負著原罪的罪責，命定要下永久的地獄，無法透過善行拯救自己，或者使他們自己能蒙上帝悅納；然而上帝出於仁慈，派遣永生的聖子，為我們的罪獻出了自己，如此，基督的正義仁慈地歸於或授給所有擁有信仰的人；但是，即便那時，這些信眾也僅僅包括以下這些人：上帝以其神妙莫測的超見，毫不考慮他們的功德與過失，以至高無上的主權揀選了他們，白白賜給他們救恩的禮物，卻將其餘的人類置於罪有應得的永久折磨。一些細節可能不一樣，但說法基本相同。

誠然，這種說法的一些語言令人聯想到保祿所使用的詞語，至少透過某些常見的翻譯可以看出；但它基本上是一種幻想。首先，這種說法假定了後期基督宗教信仰的要素，而這些要素在保祿自己的著作中是沒有的。其中一些要素（像在天主眼裏，人生來就極為有罪的看法，或善行對救恩並不必要的觀念）源自歷史上誤導性的翻譯。其他要素（像折磨人的永久地獄的概念）完全是想像出來的，基於對新約整體教

導的某種錯誤印象，歸給了保祿。大體上，我認為如下說法是公平的：對《羅馬書》的長久誤讀——尤其是第九至十一章——已經造出一個印象，即保祿的神學關注與真實的保祿所居住的世界完全格格不入，以致於他在今日基督宗教的記憶裏，幾乎不占任何位置。

博卡契尼嘗試在這本書中，重建保祿特有的對救恩的遠見卓識；對此，我深感敬佩。或許這本書最重要的貢獻，是使我們重新認識保祿對正義和恩寵的語言，將其從公認的、權威的宗教改革讀物中解救出來。誠然，很明顯地，保祿確實探討了「正義」或「公義」的問題，聲稱我們只能透過他稱為「丕斯提斯」（πίστις）——「信仰」或「信任」，或甚至「忠誠」——的一種德性來獲得「正義」或「公義」。但這種德性明確地在很大程度上在於，或不可避免地包括了，對天主的順服行為和對他人的愛；而保祿認為的在天主眼中對個人聖善沒有做出必要貢獻的唯一的「工作」（ἔργα, erga），指的是梅瑟法律所規定的純粹禮儀規例。而且，簡單地講，這一點對保祿的首要重要性在於：猶太人和外邦人之間的分別在基督內取消了，救恩平等地開放給所有人，不論他們是否善於法律。但最後，一旦猶太人和外邦人的「正義」的真正條件確立了，所有人仍然要被召集起來，立於天主公義的寶座前，根據他們已做的或沒能做到的事情受到審判。

對我自己來說，我得承認，我發現博卡契尼的書最令人敬佩的地方，是它強調了保祿對救恩的更大敘事，這個敘事就是基督打敗統治墮落宇宙的邪惡精神體的史詩。至少，如果有人請我僅依賴真正的保祿書信（以及不能肯定是真正

保祿書信的《厄弗所書》〔以弗所書〕和《哥羅森書》〔哥羅西書〕〕來總結保祿的實際教導，我想，我會傾向於將他強調的要點不是看成罪與正義，而是**推翻**壞天使。我相信，無論如何，博卡契尼從這裏開始，並給予了這個主題足夠的關注，是正確的；而這樣的關注以前常在神學學術中被否認。我認為，保祿神學的本質是某種更為奇怪的東西，是在一個不可估量、更廣闊的規模上展開，超出大多數基督徒能夠舒適地進行深思的程度。對保祿來說，我們正生活在快速消逝的一個世界一時代（world-age）的最後日子裏，等待著在每個維度上——天上的和地上的，精神的和物質的——都與這個世界一時代截然不同的另一個世界一時代的黎明。在救恩故事中，瀕於險境的是整個宇宙，這個故事核心的大事件是入侵、征服、掠奪和勝利。對於保祿，造物已被迫臣服於死亡（Death），而我們因我們的罪，因「天使似的」或「魔鬼似的」力量的惡意統馭，也受死亡奴役；這些力量既從天上統治大地，也將精神體困在地下。這些力量——這些統治者，這些保祿稱為「王權」、「力量」、「支配」和「高處的邪惡精神力量」的天使似的存在者和基本精神體——是列邦的諸神，並非「生性就是神明」。也許連照管以色列的天使（《迦拉達書》〔加拉太書〕如此暗示）也在他們當中。這些精神力量或許完全墮落了，或至少叛變了，或僅是有缺陷的照管世界者；他們肯定是在法律判決上有缺陷的立法者；但無論怎樣，他們倔強地站在我們與天主之間。但基督下降至陰府，又穿越諸天上升，征服了所有將我們與天主的愛分離的上上下下的力量。接下來要發生的一切就是當前宇宙時代的滿全：

基督作為普世的征服者，在完全的榮耀中將再次出現，令所有宇宙力量臣服於自己──字面意義上講，真正地「命令」他們在他「之下」，然後最後，將這整個收回的帝國交付給天父。宇宙將不再由邪惡或無能的精神仲介統治，而是由天主直接統治。而且，將要來臨的新時代──那時受造界將被改變成天主的王國，自然界將充滿神聖的榮耀──將是「靈性的」時代，而不是「肉體的」時代，「心靈體」（psychical body）──「被賦予了靈魂的」或「有生氣的」生活方式──將被「靈性身體」（spiritual body）取代，不受死亡的控制。

但是，我不應該就這個問題自由擴展；這不是我的書。這樣說就已足夠：博卡契尼對文獻、保祿的天使學和魔鬼學，以及其整個宇宙觀的意義的論述，堪稱典範，我不想在此僭越。同樣可稱典範的是他對保祿的默西亞主義的論述，但我也不應該對此贅述。

我只增加一個觀察，希望博卡契尼或許可以在將來的某個時候更詳細地探討它，或至少可以探討影響它的一些關注點。當然，他非常正確地主張：在保祿看來，天主藉由寬恕的行為，將猶太人和外邦人都置於「成義」的狀態，但這種寬恕的行為尚非對任何靈魂的最後裁決；保祿相信，所有人最終仍會按照他們的行為受到審判。但是，單在這個末世的辯護與定罪的問題上，在保祿的語言中也有人所共知的含混。當然，他從未論及給不悔改的靈魂準備的某種永久折磨的地獄。反而，至少在他探討惡者最終命運的許多地方，他似乎提議說，被遺棄的人將和正在消逝的時代一同滅亡。但是，在其他時候，而且同樣頻繁地，他好像在說，最終所有的人

都會得救（如羅五18，或格前〔哥前〕十五22）。當然，同樣的含混在整個新約中貫穿始終。並不明顯的是，保祿對被救贖的受造界或被救贖的人類整體的最終狀態，曾安於一個確切的理解。

很難不去想，是否格前三14-15中的「任何人」[1]應按字面意思理解，正因為這個代詞可能提示很廣的指代範圍。這至少提出了一個關於保祿所理解的恩寵活動的問題，博卡契尼對此可能會更詳細地探討。因為，保祿雖確實堅持，我們應按照我們的行為受到審判，在這裏似乎又提議說，那種初始的成義恩寵尚具有更進一步的維度，這個維度遠超過了它賦予此世的猶太人和外邦人的「新開始」。甚至在這種最後的甄別行動中，這些經節似乎是說，同樣的恩寵甚至可以將定罪轉化為救贖，好讓仁慈最終勝過審判（此處引用一位作者的說法，但這位作者的保祿神學觀存在爭議）。無論怎樣理解保祿著作中的「普救論」章節，這似乎確實使我們對甚麼將成義與救恩區別開來，以及甚麼將它們聯合在一起的理解，變得有點複雜。

但正如我所說的，這是下次探討的問題。這是一本出色且不可缺少的書，我很榮幸受邀在這本新書發布時在場，還享受了將香檳酒瓶摔向船頭的特權。

（大衛・本特利・哈特〔David Bentley Hart〕，哲學家、神學家和文化評論者，曾任教於美國聖母大學）

---

1. 思高聖經譯為「誰」——譯注。

宣講天主仁慈的使者

　　保祿不是一位向不信教者宣講毀滅的先知，而是一位想要每個人都得救的仁慈天主的先驅。這位宗徒宣講天主在最後審判迫近時對義人（猶太人和外邦人）的公義，以及對悔改的罪人（猶太人和外邦人）的寬恕，從而完成了他的任務。

　　將保祿描述為第二聖殿猶太人和天主仁慈的使者，可能有點反諷。他難道不是猶太教的摧毀者、基督宗教成為獨立宗教的創造者，以及一個強調「恩寵」的「新」宗教的先驅（這個「新」宗教替代了強調行為的「舊」宗教）嗎？他難道不是譴責所有不承認是罪人的人，和不相信耶穌基督是他們救主的人，都要下地獄嗎？

　　作為第二聖殿猶太教的專家，我從未滿足於如下方法：這種方法使保祿成了新信仰最偉大的神學家，也成了猶太教的背教者，和對不信教者的不寬容之父。但他這個人物幾乎不可抗拒地吸引我，令我著迷。他越被描述為取代猶太教的那個人，他對我就顯得越是那個時代的一位猶太人，在那個猶太環境裏完全自由自在，而人們卻假定他認為，那個環境是基督宗教需要從中解脫的牢籠。他的教導越被理解為帶來仇恨和不寬容的成義，他就越對我呈現出一個包容和普世救恩的典範。

　　自二十世紀八〇年代起，在我看來，保祿一直是一位猶

太默示作者，對哈諾客傳統比對希臘哲學熟悉得多，相較《若望福音》（約翰福音），他與對觀福音和《宗徒大事錄》（使徒行傳）更為密切。保祿關注的問題（惡的起源、罪的寬恕、救恩、對外邦人的包容）是他那個時代的問題；就連他更「原創的」解答，也與第二聖殿猶太教的多樣性相容，並不比其他同時代的猶太作者所提供的其他解答，更大膽和有爭議。

在我的研究生和本科生課程中，保祿已經成為一個反覆出現的主題。我在二〇一四年和二〇一六年，在羅馬組織的兩個國際會議的主題，就是保祿。最近，我受邀在阿姆斯特丹和布拉提斯拉法召開的保祿會議上，以及在羅馬召開的基督徒與猶太人國際理事會（the International Council of Christians and Jews）會議上發言。二〇一八年，在丹佛召開的聖經文學學會（SBL）的會議上，我與馬克·納諾斯（Mark Nanos）的小組討論給了我機會，得以和今日投身於復原保祿的猶太性和他在第二聖殿猶太教內角色的一些學者，分享了我的想法。

在二〇一四年的羅馬會議上，我做了論文報告，這篇論文隨後在我和卡洛斯·塞戈維亞（Carlos A. Segovia）編輯的會議論文集裏發表。在這篇論文中，我第一次提出了我對保祿的綜合洞見，即〈猶太人保祿的三條救恩之路〉（The Three Paths to Salvation of Paul the Jew），載於我和塞戈維亞編輯的《猶太人保祿：將保祿宗徒作為第二聖殿猶太教人物的重新解讀》（*Paul the Jew: Rereading the Apostle as a Figure of Second Temple Judaism*, Minneapolis: Fortress, 2016, 1-19）。我的研究轉捩點發生在當我開始認識到，保祿因信成義的信息不是

毫無區別地給所有人的（猶太人和外邦人），也不是專給外邦人的，而是特別給許多人的——即罪人（猶太人和外邦人）。在我看來，〈哈諾客寓言集〉（the Book of the Parables of Enoch）[1] 是理解耶穌和保祿信息的關鍵文本，因為它強調了在末世將寬恕賜給悔改的罪人的可能性。

　　一旦我復原了保祿的宣講及其目標受眾的默示性語境，一切忽然清晰起來。保祿不再獨自處於完全的獨特性中，而是與始自哈諾客傳統，並由對觀傳統延續的默示性話語，是連續的。他所講的「因信成義」，並不是指在最後審判時的因信得救，而是指在最後審判迫近時，信仰帶來的寬恕；最後審判還是存在——按照每人的行為。保祿不是一位宣講毀滅的先知，而是天主對罪人仁慈的使者。

　　既然數個世紀以來將猶太研究與新約研究、正典研究與非正典研究，以及猶太人與基督徒分裂的牆終於開始瓦解，我們可以慶祝：保祿回歸了他從未遺棄的家，不是作為蕩子，而是合法的家庭成員。我們可以如此慶祝，而不必對他在建立那個猶太默西亞和默示性群體上所起的作用輕描淡寫，這個群體後來發展成我們如今所稱的基督宗教。我們不再需要為了主張保祿的基督徒特質，而將他與猶太教分離；

---

1. Enoch：天主教譯為「哈諾客」，基督新教譯為「以諾」。〈哈諾客寓言集〉是《哈諾客一書》第37-71章。後面內文中提到的〈守護者之書〉（the Book of the Watchers）是《哈諾客一書》第1-36章，〈夢的神視〉（Dream Visions）是《哈諾客一書》第83-90章，〈動物默示錄〉（the Animal Apocalypse）是《哈諾客一書》第85-90章，〈周的默示錄〉（the Apocalypse of Weeks）是《哈諾客一書》93:1-10和91:11-17，〈哈諾客書信〉（the Epistle of Enoch）《哈諾客一書》第91-108章——譯注。

我們也不需要為了肯定他的猶太性，而將他與基督宗教分離。保祿是第二聖殿猶太人，也是早期耶穌運動的一位領袖。

我需要說出太多朋友和同事的名字，感謝他們給與我寫作這本書的靈感。自從二〇〇一年，哈諾客研討小組使我能夠和許多最傑出的第二聖殿猶太教和基督宗教起源方面的專家進行對話。除了我在都靈大學的老師保祿・薩奇（Paolo Sacchi），以及哈諾客研討小組的兩位副主任凱利・科布倫茨・包奇（Kelley Coblentz Bautch）和洛倫・斯塔肯布魯克（Loren Stuckenbruck），我試著不要列出我最親密的朋友們的名字，因為他們知道我多麼感謝他們的友誼，多麼感激他們的學術研究。他們中的許多人最近令我驚喜地投稿給我六十歲生日的紀念文集──《智慧如水傾瀉：猶太教和基督宗教古代研究──加布里埃萊・博卡契尼紀念文集》（*Wisdom Poured Out Like Water: Studies on Jewish and Christian Antiquity in Honor of Gabriele Boccaccini*），傑伊・哈羅德・埃倫斯（J. Harold Ellens）等編輯（Berlin: de Gruyter, 2018）。為此，我真的很感激。

在此，我想紀念那些已去世，但其臨在和教導仍然清晰地在我記憶中、令我感恩的人：哈南・埃謝爾（Hanan Eshel）、弗朗切斯科・阿多爾諾（Francesco Adorno）、讓・阿爾貝托・索金（Jan Alberto Soggin）、阿蘭・西格爾（Alan F. Segal）、卡洛・瑪利亞・馬蒂尼（Carlo Maria Martini）、克拉拉・克勞斯・雷賈尼（Clara Kraus Reggiani）、雅各伯・紐斯納（Jacob Neusner）、路易斯・費爾德曼（Louis Feldman）、喬瓦尼・加爾比尼（Giovanni Garbini）、菲利浦・戴維斯（Philip

R. Davies）、傑伊・哈羅德・埃倫斯（J. Harold Ellens）、萊亞・塞斯蒂耶里（Lea Sestieri）、克勞斯・科赫（Klaus Koch）、蓋佐・克塞勞維奇（Geza Xeravitz），以及拉里・烏爾塔多（Larry Hurtado）。我的父親瓦爾特・阿德萊德和母親瑪利亞・阿德萊德（Walter and Maria Adelaide）、我的岳父迪諾（Dino）和岳母馬諾拉（Manola）、我的祖父母阿達（Ada）、卡米洛（Camillo）和埃萊娜（Elena）、我的叔祖母吉娜（Gina）和琳達（Linda）、我的伯父瓦萊里奧（Valerio）和伯母馬里薩（Marisa）、我的姨母維爾瑪（Wilma）和姨父埃奇奧（Ezio），以及我的表兄菲利波（Filippo），他們在我心中，有一個我隨時可以拜望的特殊位置。只要我活著，他們將繼續與我同在。

但有一個特別的朋友團體，我不得不提一下。自從二十世紀九〇年代早期，我在密西根的經歷很受祝福，那時我常和一些有才能的學生會面，諸如傑伊・哈羅德・埃倫斯（J. Harold Ellens）、菲利浦・姆諾阿（Philip Munoa）、阿普里爾・德康尼克（April DeConick）、查爾斯・吉斯琴（Charles Gieschen）、馬克・金澤（Mark Kinzer）、琳恩・奧爾科特・科格爾（Lynne Alcott Kogel）、羅納德・魯阿克（Ronald Ruark）、詹森・馮・埃倫克魯克（Jason von Ehrenkrook）、詹姆斯・沃德爾（James Waddell）、艾薩克・奧利弗（Isaac Oliver）、詹森・祖拉夫斯基（Jason Zurawski）、黛博拉・福傑（Deborah Forger）、羅德尼・卡拉瑟斯（Rodney Caruthers），以及約書亞・斯科特（Joshua Scott）。我們在一起分享了許多難以忘懷的學習時刻，創建了一個充滿奇思妙想的團體，這個團體一直沒有中

斷，即使現在大家分散在全球各地。我對他們中的每一位都很感恩，尤其感謝艾薩克・奧利弗提供了很有見地的評論，也尤其感謝羅納德・魯阿克，我和他有幸討論了這本書論述的各主題。

沒有我妻子阿洛瑪・巴爾迪（Aloma Bardi）始終如一的愛與支持，我無法取得任何成就，這本書獻給她。我們在一起幸福地度過了四十年，分享了婚姻和學術研究的歡樂。我們帶著更大的期待和幸福，期待將來的歲月。

加布里埃萊・博卡契尼（Gabriele Boccaccini）

第一章

猶太人保祿與基督徒保祿

憎恨仇恨的保祿

在宗教不寬容復甦的時代，猶太人、基督徒和穆斯林都受到挑戰去證明：一神宗教並非在本質上不寬容和排外，而是確實能夠激勵善意的人們，將他們聯繫在一起，共享和平與共存。數個世紀的衝突說明事實並不總是如此。亞巴郎的子孫們透過自己身為受害者和暴力的作惡者的經驗，認識到這個問題，由此受到推動去檢視自己，面對自己的邪惡，以及潛伏在自己宗教傳統和信仰中的仇恨根源。[1]

在理智上得誠實地承認：在信仰間的對話和相互尊重的道路上，塔爾索（大數）的保祿看起來更像是障礙，而非促進者。他生來是猶太人，後來成為基督徒，以其自身的皈依和教導顯示，所有不信教者（或信仰其他宗教者）如果不以他所經歷的同樣方式，也皈依並服從基督宗教的默西亞，就註定

---

1. J. Harold Ellens, ed., *The Destructive Power of Religion: Violence in Judaism, Christianity, and Islam*, 4 vols. (Santa Barbara, CA: Praeger, 2004).

毀滅。在那些因其不信教而有罪並受譴責的人中,有他的猶太同胞;這些猶太人一度是天主的選民,但如今喪失了所有尊嚴,因為在基督內的新約取代了與梅瑟(摩西)建立的舊約,並使之過時。至少,這是我們通常受到的教導。

誠然,保祿在他的書信中從未以仇恨的語言談論,也沒有「遵循現代基要主義者的策略,首先讓人們相信他們是罪人,需要救恩」。[2] 保祿的宣講中心是包容和救恩的信息——在基督身上揭示的天主恩寵的福音,給與世界的「和好信息」(格後五19)。但是,承認保祿的善意並沒有使他免責於其信息的可惡結果,以及他在信教者和不信教者之間,建了一堵無法穿越的不寬容的牆。每個人(猶太人和外邦人、男人和女人、自由人和奴隸)都蒙召受邀,但給皈依者的僅有一條在基督內的通往救恩之路。

那麼,我們是否應該接受一種悖論(paradox)的信息,這種信息宣揚恩寵卻造成仇恨、宣揚包容卻造成排斥?或者,我們是否應否認保祿,揭示他是不寬容的支持者——像尼采(Friedrich Nietzsche)所譴責的「仇恨的天才」?[3] 或者,用一個當代更有色彩的詞彙:「種族主義者、沙文主義怪人」?[4] 我們是否應憎恨仇恨者?或者,我們是否應乾脆將保

---

2. E. P. Sanders, *Paul and Palestinian Judaism: A Comparison of Patterns of Religion* (London: SCM, 1977), 444.

3. 用尼采的話說,保祿是「仇恨的天才,站在仇恨的立場,使用無情的仇恨邏輯」。
   參:John J. Gager, Reinventing Paul (Oxford: Oxford University Press, 2000), 9;以及 Jörg Salaquarda, "Dionysius versus the Crucified One: Nietzsche's Understanding of the Apostle Paul," in *Studies in Nietzsche and the Judaeo-Christian Tradition*, ed. James C. O'Flaherty, et al. (Chapel Hill: University of North Carolina Press, 1985), 100-29。

祿遺忘，選擇一條更寬容的道路，而無視他？抑或，我們是否應更新我們的投入，致力於復原他真正的信息，並以現代批判之火檢驗它，看是否可以從具有悠久傳統的不寬容中，挽回它？

反對猶太教的保祿

在一世紀猶太教的語境中，保祿這個人物躋身最高深莫測的人中間，很難理解。神秘的光環——倘若不是古代圖騰的詛咒——仍盤旋在他四周，使人難以對他的經驗有確定的理解。在《伯多祿後書》（彼得後書）中，我們被警告：在保祿書信中「有些難懂的地方，不學無術和站立不穩的人，便加以曲解……而自趨喪亡」（伯後三16）。以後見之明來說，這看起來更像預言，而非警告。

保祿肩負的不僅僅是新生基督宗教的第一位偉大系統神學家的繁重聲望，同時也有對他的懷疑——如果不是指責——即：他奠定了反對妥拉和反對以色列子民的有害爭論的基礎，預告了最終導致猶太人大屠殺悲劇的偏見、不寬容和歧視。

不能輕易忽視的是，數個世紀以來，保祿因為將基督宗教與猶太教分離，而受到基督徒的讚美，以及猶太人的責備。「沒有誰〔比保祿〕造成了猶太人與基督徒之間更多的敵

4. E. Randolph Richards, *Paul Behaving Badly: Was the Apostle a Racist, Chauvinist Jerk?* (Downers Grove, IL: InterVarsity Press, 2016); Karen Armstrong, *St. Paul: The Apostle We Love to Hate* (Boston: New Harvest, Houghton Mifflin Harcourt, 2015).

意⋯⋯長久以來，保祿被認為是基督徒對猶太人和猶太教仇
恨的源頭⋯⋯〔他〕背叛了他以前作為猶太人的生活，成了早
期基督宗教反猶太教的代言人。」[5] 對於基督徒，保祿是神學
巨人，是揭露和譴責猶太教的無益與軟弱（如果不是邪惡）的
皈依者；但對於猶太人來說，他是叛徒，嘲笑祖先的信仰，
成了基督宗教反猶太主義的始祖。[6]

　　按照傳統的觀點，強調行為的（壞）宗教（猶太教）是
強調恩寵的（好）宗教（基督宗教）的對立面。保祿思想的許
多方面可能植根於猶太教，但保祿因猶太教的許多缺陷，最
終摒棄了它。[7]

　　保祿認為，猶太教思想中有兩個要素是尤為錯誤的，即
「律法主義」與「特選主義」（particularism）。對於二十世紀早
期的新約學者來說，他們的猶太教知識受到斐迪南・威廉・韋
伯（Ferdinand Wilhelm Weber）和威廉・布塞特（Wilhelm
Bousset）的影響[8]，事情不可能是另外的情形。保祿為了
肯定基督宗教的恩寵，不得不譴責猶太教是律法主義的宗
教——只有拒絕行為，信仰才能熠熠發光。保祿為了肯定他
的普救論方案，不得不攻擊猶太教的特選主義——他的教導

5. Gager, R*einventing Paul*, 3-4.

6. Magnus Zetterholm, *Approaches to Paul: A Student's Guide to Recent Scholarship*
(Minneapolis: Fortress, 2009).

7. Henry St. John Thackeray, *The Relation of St. Paul to Contemporary Jewish Thought*
(London: Macmillan, 1900).

8. Ferdinand Wilhelm Weber, *System der altsynagogalen palästinischen Theologie aus
Targum, Midrasch und Talmud* (Leipzig: Dörffling & Franke, 1880)；以及 Wilhelm
Bousset, *Die Religion des Judentums im neutestamentlichen Zeitalter* (Berlin:
Reuther & Reichard, 1903)。

代表了從宗教特選主義到宗教普救論（universalism）的關鍵
轉變。

　　早期猶太教詮釋者困惑於保祿思想中濃厚的猶太因素，
卻基本接受基督宗教的一個觀念，即：保祿摒棄了妥拉，取
消了猶太人與外邦人之間的區分。從猶太教觀點看，這個觀
念使他成了變節者和背教者。[9]

　　自十九世紀末以來，猶太教和基督宗教學者共同致力探
討耶穌的猶太性。重新發現耶穌的猶太性有助於進一步的學
術思考與研究。越證實這位老師[10]的形象與猶太教的精神和實
踐相容，他最著名的門徒就越顯得是一個製造分歧的人，一
個與猶太教不相容的宗教創立者。理查德・魯本斯坦（Richard
Rubenstein）在他的《我的弟兄保祿》（1972年）中總結了猶
太人對保祿的態度：「耶穌，是的；保祿，從不！」。[11] 早在
十世紀，卡萊特派（the Karaite）的領袖雅各伯・阿爾・基
爾基薩尼（Yaqub al Qirqisani）就將受到不公正迫害的猶太
教師耶穌與其不忠信的門徒保祿對立起來，認為保祿是基督
宗教真正的締造者。[12] 這個觀念在猶太圈內一直很流行，直
到如今，在二十世紀八〇年代仍被海厄姆・麥科比（Hyam
Maccoby）認為是可行的學術論點。[13]

---

9. Nancy Fuchs-Kreimer, The "Essential Heresy": Paul's View of the Law according to
　　Jewish Writers, 1886–1986 (PhD diss., Temple University, 1990); Stefan Meissner,
　　Heimholung des Ketzers. Studies zur jüdischen Auseinandersetzung mit Paulus
　　(Tübingen: Mohr Siebeck, 1996).

10. 指耶穌——譯注。

11. Richard L. Rubenstein, *My Brother Paul* (New York: Harper & Row, 1972), 114.

12. Bruno Chiesa and Wilfrid Lockwood, *Ya'qub al-Qirqisani on Jewish Sects and
　　Christianity* (Frankfurt am Main: Peter Lang, 1984).

對傳統保祿的早期批評

但這個關於保祿的觀點，不是很正確。在早期耶穌運動的領袖中，保祿是最強烈地向他的反對者主張自己的猶太性的那個人（「他們是希伯來人？我也是。他們是以色列人？我也是。他們是亞巴郎的苗裔？我也是」，格後十一22）。他為天主的許諾的不可撤銷性辯護（「莫非天主擯棄了自己的人民嗎？斷然不是！」，羅十一1），毫不猶豫地地重申了以色列面對外邦人中的新皈依者的熱忱時的特權（「你這枝野橄欖樹枝……不可向舊樹枝自誇……該想不是你托著樹根，而是樹根托著你」，羅十一17-18）。

因此，對保祿的傳統觀點從來不乏批評者。在二十世紀初，拉比猶太教（rabbinic Judaism）和新約方面的猶太專家，諸如撒羅滿·謝克特（Solomon Schechter）和克勞德·蒙蒂菲奧里（Claude G. Montefiore），在他們的研究中反覆強調，猶太教幾乎不符合律法主義和仇恨世界的特徵，而如韋伯和布塞特等基督宗教學者所認為的那樣，這些特徵是猶太教的主要（和不受時間影響的）特徵。[14] 按照蒙蒂菲奧里的說法，就保祿所知的猶太教而言，保祿的批評可能是正確的；但保祿是希臘化的猶太人，對主流的（拉比）猶太教只具備有限和失真的知識。

威廉·弗雷德（William Wrede）和阿爾貝特·施魏策爾

---

13. Hyam Maccoby, *The Mythmaker: Paul and the Invention of Christianity* (London: Weidenfeld & Nicolson, 1986).

14. Solomon Schechter, *Aspects of Rabbinic Theology* (New York: Macmillan, 1909); Claude G. Montefiore, *Judaism and St. Paul: Two Essays* (London: Max Goschen, 1914).

（Albert Schweitzer）採取了不同的方向來恢復保祿的猶太性。[15] 他
們認為，在保祿和希臘文化之間，幾乎沒有甚麼連續性。在他們
看來，保祿是一位默示性猶太人，「期盼他的基督戰勝世界的邪
惡力量，包括魔鬼，好為萬物開創一個新的狀態。」[16] 蒙蒂菲奧里
和施魏策爾直言不諱地譴責許多同事的偏見（和反猶太主義）；
喬治・富特・莫爾（George Foot Moore）一九二一年在美國，
詹姆斯・帕克斯（James Parkes）一九三六年在英國，也是如
此。[17] 但是，對改變對話的任何呼籲一直沒有得到回應。在反
猶太主義蔓延的時代，基督宗教的反猶太教思想供養了反對
猶太教的流行偏見，同時也受到後者刺激。任何強調保祿的
猶太性、猶太教的價值，以及早期基督宗教受到的第二聖殿
猶太文化和宗教影響的人，都一直受到孤立。於是，研究保
祿的學者和第二聖殿專家們達成共識、意見完全一致，將耶
穌時代的猶太教形容為「晚期猶太教」（*Spätjudentum*）——一
個繼聖經先知預言的精神高峰之後的宗教衰落時代。[18] 在
一九三九年和一九四五年之間由瓦爾特・格倫德曼（Walter

15. William Wrede, *Paulus* (Halle: Gebauer-Schwetschke, 1904; 2nd ed. [Tübingen: Mohr Siebeck, 1907]; ET: *Paul*, trans. Edward Lummis [London: Philip Green, 1907]); Albert Schweitzer, *Geschichte der Paulinischen Forschung* (Tübingen: Mohr Siebeck, 1911; ET: *Paul and His Interpreters: A Critical History*, trans. William Montgomery [London: Adam and Charles Black, 1912]); and *Die Mystik des Apostels Paulus* (Tübingen: Mohr Siebeck, 1930; ET: *The Mysticism of Paul the Apostle*, trans. William Montgomery [London: Adam and Charles Black, 1931]).

16. Wrede, *Paul*, 153.

17. George F. Moore, "Christian Writers on Judaism," *Harvard Theological Review* 14 (1921): 197-254; James Parkes, *Jesus, Paul, and the Jews* (London: Student Christian Movement Press, 1936).

18. Alfred Bertholet, *Das religionsgeschichtliche Problem des Spätjudentums* (Tübingen: Mohr Siebeck, 1909).

Grundmann）擔任主任的「研究與根除猶太教對德國教會生活
影響協會」（The Institute for the Study and Eradication of Jewish
Influence on German Church Life），[19] 如今可能被視為反猶太
主義的畸形產物；但在當時，即使是在納粹德國以外的許多
人眼中，它也被視為可敬的神學事業。[20]

關於保祿的新觀點

戰爭和大屠殺迫使基督徒重新思考他們與猶太人和猶太
教的關係。耶穌的猶太性立即在朱爾·依撒格（Jules Isaac）
的著作和在瑞士的塞利斯伯格（Seelisberg）確立的猶太一基
督宗教項目中，成為討論的中心點。[21] 同時，死海古卷的重新
發現將第二聖殿猶太教專家引向了一個新路徑——一個迥異
於過去的模式化觀念和充滿生氣的多樣性路徑。

對保祿的研究一開始（令人驚訝地）沒有受到這些變化
的影響。在二十世紀五〇年代，關於猶太律法主義和特選主
義的陳詞濫調仍普遍重複。

出版於一九五一年的魯道夫·布爾特曼（Rudolf Bultmann）
的《舊約神學》（*Theologie des Altes Testament*）的英譯本，
重申了恩寵與法律之間的基本對比：

19. *Institut zur Erforschung und Beseitigung des jüdischen Einflusses auf das deutsche
kirchliche Leben.*

20. Susannah Heschel, *The Aryan Jesus: Christian Theologians and the Bible in Nazi
Germany* (Princeton, NJ: Princeton University Press, 2008).

21. Jules Isaac, *Jésus et Israël* (Paris: Michel, 1948).

　　保祿與猶太教之間的對比不僅在於他對正義的當下現實的主張，也在於重大得多的一個論點，這個論點涉及天主的赦罪決定所懸繫的條件。猶太人理所當然地認為這個條件是遵守法律書（the Law），完成法律書所規定的「行為」。保祿的論點——首先考慮其消極方面——與這個觀點形成直接對比：「*沒有法律書所規定的行為*」……保祿論點的消極方面並不單獨成立；一個積極的主張與此相輔相成：「*藉由或來自信仰。*」[22]

　　威廉·巴克利（William Barclay）沒有考慮近代的大屠殺悲劇，重新肯定了傳統的模式化觀念，即世人對猶太人的仇恨只是反映了猶太人自己對世界的仇恨：「基督宗教開始於一個巨大的問題。很清楚，基督宗教的信息是給所有人的……但事實一直是：基督宗教以猶太教為搖籃；從人性角度講，在給全世界的信息中，沒有甚麼能比基督宗教的信息有一個更不幸的起源。猶太人捲入了雙重仇恨之中——世人仇恨他們，他們也仇恨世人。」[23]

　　布爾特曼和巴克利是二十世紀最受尊重和最有影響的兩位神學家和解經家，他們講的這些話說明，韋伯和布塞特著作中對保祿的傳統解釋，在第二次世界大戰結束之後還長期繼續存在。二十世紀五〇年代的猶太學者的態度也沒有迴異於戰前的爭論。他們沒有質疑保祿與猶太教存在衝突。對於塞繆爾·桑德梅爾（Samuel Sandmel），起點是「保祿在皈依

---

22. Rudolf Bultmann, *Theology of the New Testament*, vol. 1 (New York: Scribner, 1951), 279-80. 斜體字系原文本有。

23. William Barclay, *The Mind of Paul* (London: Collins, 1958), 9.

前就存在個人和律法的困難，而非皈依後。」[24] 唯一可以為他辯護的是：保祿「沒有意識到，他正在摒棄猶太教」[25]（但保祿實際上意識到了這一點）。保祿嚴重誤解了拉比猶太教，因為他作為一個希臘化的猶太人，對猶太教所知有限。

　　就連死海古卷的發現，對保祿研究也只有輕微的影響。一九五八年，大衛・弗盧塞爾（David Flusser）提出，保祿之前的傳統可能傳給了保祿一些古木蘭成分。[26] 這個問題在傑羅姆・墨菲—奧康納（Jerome Murphy-O'Connor）於二十世紀六〇年代末編輯的一本關於保祿和古木蘭的文集中，有更詳細的探討。[27] 但這本文集甚至沒有考慮這樣一種可能性，即死海古卷可能影響了或有助於了解保祿神學的核心思想。

　　一個不同的解釋思路開始出現於威廉・戴維斯（William D. Davies）的《保祿與拉比猶太教》（*Paul and Rabbinic Judaism*, 1948）。與猶太教和基督宗教學者的一般觀點相反，戴維斯認為保祿是一位拉比猶太人，和他的猶太同胞沒有甚麼不同，除了他相信默西亞——即耶穌——已經來臨。[28] 沿著這個路徑，變化的首批跡象在一九六三年出現，就是克

24. Samuel Sandmel, *The Genius of Paul* (New York: Farrar, Straus & Cudahy, 1958), 28.

25. Sandmel, *The Genius of Paul,* 21.

26. David Flusser, "The Dead Sea Sect and Pre-Pauline Christianity," in *Aspects of the Dead Sea Scrolls*, ed. Chaim Rabin and Yigael Yadin (Jerusalem: Hebrew University Press, 1958), 215-66.

27. Jerome Murphy-O'Connor, ed., *Paul and Qumran: Studies in New Testament Exegesis* (London: Chapman, 1968).

28. William D. Davies, *Paul and Rabbinic Judaism: Some Rabbinic Elements in Pauline Theology* (London: SPCK, 1948).

里斯特‧施滕達爾（Krister Stendahl）具有巨大影響的文章〈保祿宗徒與西方的內省良知〉（The Apostle Paul and the Introspective Conscience of the West）。這篇文章指出：基督宗教對保祿的傳統看法，更多是與基督教神學內部的問題有關，而不是保祿本人的教導——保祿的主要關注並不是人性的軟弱，而是外邦人的救恩。[29]

但直到一九七七年，「關於保祿的新觀點」才開始實現，這要歸功於埃德‧帕里什‧桑德斯（Ed Parish Sanders）的著作《保祿與巴勒斯坦猶太教》（Paul and Palestinian Judaism）。這本書的影響難以估量——這是一本開創性的著作，是一個轉捩點，幾乎在一夜之間開啟了保祿研究的新紀元。

對第二聖殿猶太教和拉比猶太教研究中的多樣化趨勢，桑德斯採取了一個非常保守的路徑。他仍將猶太教和基督宗教視為兩個不同的宗教體系，這樣兩者既可以單獨定義，也可以比較。

但桑德斯的書在保祿研究領域是嶄新的革命。它成功地挑戰了路德宗解釋中的傳統反猶太教思想，卻又重新肯定了其原則——「唯靠恩寵」（sola gratia）和「唯靠信仰」（sola fides）。恩寵與法律之間的根本對立，使保祿成為猶太律法主義的堅決批評者，但這種對立並非一世紀真正的聲音，而是時空錯置地反映了十六世紀宗教改革中，使基督宗教分裂的爭議。基督宗教神學家不再需要為了肯定基督宗教而詆毀猶太教，因為猶太教也是以「唯靠恩寵」為基礎的宗教。猶太教

---

29. Krister Stendahl, "Paul and the Introspective Conscience of the West," *HTR* 56 (1963): 199-215.

是「盟約依法主義」（covenantal nomism，也譯為「恩約守法
主義」），是給人類的救恩禮物，行為是維持由天主恩寵建立
的神聖盟約的條件，而不是贏取救恩的途徑。因此，保祿在
其對恩寵和行為的看法上，完全是猶太式的。問題（或「保祿
認為猶太教有問題的地方」）只是「它不是基督宗教」。[30]現在，
在基督內的新約包括了整個人類，取代了舊的梅瑟盟約，藉
由「唯靠信仰」，將猶太人和外邦人同樣包括在內，反對猶太
民族中心主義和猶太民族自豪感。

隨著「路德宗」保祿的解體，保祿思想假定的無污點的
一致性神話也開始坍塌。桑德斯重申了他對保祿思想的統一
性觀點：「我在保祿思想中沒有看到任何重大神學『發展』的
跡象……儘管他的思想具有不系統的特點，他在表述上也多有
變化，我仍視保祿為一位思想前後一致的思想家。」[31]但是，桑
德斯認為，保祿不是系統神學家；他是一位宣道者，一位和
有血有肉的人們所組成的團體打交道的牧者，而這些人面臨
著具體的問題和實際的麻煩。如桑德斯以有效的簡潔所肯定
的，對於保祿，解決方案先於麻煩。他看到了外邦人因信仰
和熱情加入基督宗教；他在神學上的努力是以回顧的方式，
證明這個事件的正當性。保祿的論證不是外邦人進入基督宗
教團體的理論前提，而是一種要證明這個事件正當性的努力；
他在這個事件中認識到天主的仁慈行動，儘管他的論證有點
令人困惑，在神學上也不完全前後一致。

沿著這個思路，一些學者和神學家向前更進一步。他們

30. Sanders, *Paul and Palestinian Judaism*, 552.
31. Sanders, *Paul and Palestinian Judaism*, 432-33.

堅持保祿神學的悖論特徵：它的不系統的本質，它與具體問
題和處境的牽連，以及因此帶來的大量矛盾。就連「宗徒們的
追隨者都幾乎無法達成一致，確定他真正想說甚麼……我只
看到一種出路：不得不接受矛盾和張力為保祿神學的穩定特
徵。」[32]

　　這個新觀點（The New Perspective）努力去除對保祿的傳
統（路德宗）解讀所具有的最貶義面向，主張猶太教也應被視
作基於恩寵的值得尊重的宗教。[33] 這有效地再次發現了保祿思
想的猶太結構，強調其實用和牧靈的方面，而非其假定的神
學上的一致性。[34] 然而，它沒有挑戰將保祿看作猶太教批評者
的觀點，也沒有挑戰將保祿看作天主與人類之間關係的新取
代論模型的支持者的觀點——這種新取代論模型主張：天主
「在耶穌基督內」的恩寵藉由創造「一個取代雙方的新人」（弗
二13-15），取代了給猶太人和外邦人的猶太盟約。保祿並非
與一些猶太教團體、一些猶太教觀念或習俗或「真正虔誠的方
式」有矛盾，而是與他所反對的猶太教本身有矛盾。「保祿對
猶太教的批評……既不是因為他對盟約在猶太思想內的意義
無知，也不是因為晚期猶太教盟約觀念的死亡。*保祿實際上
明確地否認，猶太教的盟約對救恩來說可以是有效的，因此
有意識地否認了猶太教的基礎*……保祿反對猶太教的重要基
礎：揀選、盟約，以及法律。」[35]

---

32. Heikki Räisänen, *Paul and the Law* (Tübingen: Mohr Siebeck, 1983), 3, 10.
33. Sidney G. Hall, *Christian Anti-Semitism and Paul's Theology* (Minneapolis: Fortress, 1993).
34. Ben Witherington, *The Paul Quest: The Renewed Search for the Jew of Tarsus* (Downers Grove, IL: InterVarsity Press, 1998).

詹姆斯・杜恩（James Dunn）和尼古拉斯・托馬斯・賴特（Nicholas Thomas Wright）同意桑德斯的看法，也強調保祿的普救論與猶太教的特選主義之間的對比。如果保祿誤解了他的「前」宗教的一些要素，而這令人遺憾地助長了反猶太主義的態度，那麼，現代基督徒應該承認這一點，並為此做出彌補。但是，保祿確實反對標準的猶太教觀點，即接受法律和按法律生活是天賜狀態的標記和條件（杜恩），也反對猶太教對國家、民族和地域身份的依附，以及對諸如割禮、遵守安息日和飲食法律等標識界限的特別行為的依附（賴特）。[36] 在保祿看來，耶穌是，並且一直是，所有人類通往救恩的唯一道路。

通往救恩的兩條道路？

桑德斯的「盟約依法主義」觀念幾十年來主導了保祿研究以及新約學者對第二聖殿猶太教的理解，不亞於韋伯和布塞特塑造了前幾十年的猶太教觀念。

但是，並非所有學者都信服。對於一些學者來說，桑德斯在調和猶太教和基督宗教的嘗試上，走得太遠了。這些學者和斯蒂芬・韋斯特霍爾姆（Stephen Westerholm）一樣，寧可強調保祿與猶太教之間的不連續性要素。當傳統的奧斯定和路德宗的解讀淨化掉其最明顯的過分反猶太教的成分後，

35. Sanders, *Paul and Palestinian Judaism*, 551-52. 斜體字部分系原文引文本有。
36. 參 John J. Collins 的討論：*The Invention of Judaism: Torah and Jewish Identity from Deuteronomy to Paul* (Oakland: University of California Press, 2017), 161。

他們也沒有遠離歷史上的保祿。[37]

　　對於其他學者來說，桑德斯在其對保祿猶太性的重新發現上，走得不夠遠。他們更被戴維斯的觀點說服，即保祿曾是，並一直是拉比猶太人；他們也被施滕達爾的評論說服，即保祿關注的並非個人救恩（〔法律〕在他良心上的效力），而是「外邦人在教會和天主計畫中的位置」。[38]

　　桑德斯仍然認為，在保祿和巴勒斯坦猶太教之間存在根本性的對立。但對像勞埃德・加斯頓（Lloyd Gaston）、斯坦利・斯托爾斯（Stanley Stowers）和約翰・蓋格（John G. Gager）這些學者來說，[39] 保祿的宗教類型和任何已知的巴勒斯坦猶太教的成分，沒有甚麼本質上的不同。相反，保祿曾經是，也一直是一位猶太人。「保祿從未離開猶太教，從未棄絕猶太教或其法律，從未根據耶穌基督設想以色列的救贖。」[40] 保祿未曾期待猶太人藉由耶穌基督找到他們的救恩；他對法律所做的所有評論僅與外邦人有關：「對於保祿，以色列的救恩毫無疑問。他所教導和宣講的是針對外邦人的一條特殊道路（Sonderweg）。」[41] 當我們將保祿重置於其適當的猶太背景中，「我們可以基本肯定兩點：一，天主對以色列和對法律

37. Stephen Westerholm, *Perspectives Old and New on Paul: The "Lutheran" Paul and His Critics* (Grand Rapids: Eerdmans, 2004); Westerholm, *Justification Reconsidered: Rethinking a Pauline Theme* (Grand Rapids: Eerdmans, 2013).

38. Stendahl, "Paul and the Introspective Conscience of the West," 204.

39. Lloyd Gaston, *Paul and the Torah* (Vancouver: University of British Columbia Press, 1987); Stanley K. Stowers, *A Rereading of Romans: Justice, Jews, and Gentiles* (New Haven: Yale University Press, 1994); Gager, Reinventing Paul.

40. Gager, *Reinventing Paul*, x.

41. Gager, *Reinventing Paul*, 146.

書（即猶太教）的聖潔是不可動搖的承諾；二，外邦人藉由耶穌基督的救贖。」[42]

在近些年，應該沒有人比馬克・納諾斯（Mark Nanos）更積極、清晰和一致性遵循了這個思路。在他看來，保祿是「一位遵守妥拉的猶太人……一位在猶太教內的猶太人，踐行和推動一種給追隨基督者的以妥拉來定義的猶太生活方式。」[43] 默西亞已來臨的信仰沒有「廢除」猶太教；相反，「保祿的猶太教」重申了猶太人的實踐和信仰，同時使那些信仰耶穌的人以新的角色——「作為向萬民宣告和好的大使」[44]——參與其中。「將非猶太人引入猶太教」事實上是耶穌運動作為猶太教內的一個默西亞群體的中心任務。不是要求非猶太人成為猶太人（改教者或皈依者）；他們以他們本來的樣子受到歡迎，因為福音是：藉由耶穌，救恩的大門現在也向非猶太人開放。[45]

由於納諾斯的領頭作用，今天，一個新的範式（paradigm）出現了，即「猶太教內的保祿」的觀點（"Paul-within-Judaism" perspective），一個旨在全面重新發現保祿的猶太性的範式。悖論的是，「保祿不是基督徒」，[46] 因為基督宗教在保祿的時代尚未作為脫離猶太教的獨立宗教存在。耶穌運動僅是一個猶

42. Gager, *Reinventing Paul*, 152.
43. Mark Nanos, *Reading Paul within Judaism* (Eugene, OR: Cascade Books, 2017), xiii
44. Nanos, *Reading Paul within Judaism*, 168.
45. 參 Nanos, *Reading Paul within Judaism*, 127-54.
46. Pamela Eisenbaum, *Paul Was Not a Christian: The Original Message of a Misunderstood Apostle* (New York: HarperOne, 2009).

太默西亞運動，因此，保祿應只被看作第二聖殿猶太人，他的神學也僅是第二聖殿猶太教的一種形式。

按照納諾斯，保祿書信表達了「一種修辭策略，而非對猶太法律（halakhic）行為的改變」。[47] 納諾斯持有和加斯頓與斯托爾斯相同的觀點，[48] 即保祿的主張是針對踐行或想要踐行法律的外邦人，而非針對猶太人。「這簡直就是一個快速拯救盡可能多的不守法律的外邦人的靈魂的問題。」[49] 對保祿的主張所處的原初猶太語境的記憶一旦在外邦的基督宗教中失去，他的反猶太教就是對其修辭誤讀的結果。「當保祿真正想要澄清的是外邦信教者與他們的猶太兄弟的平等地位，他的修辭在傳統上就被解釋為對猶太教的一種拒斥。」[50]

在一個任何方法的有效性，立即就其同時代的神學意涵而受到評估的研究領域，兩個盟約和兩條不同的「通往救恩的路徑或道路——對外邦人是藉由基督，對以色列則藉由法律」[51] 的觀念，迅速超越了學術研究領域，進入了同時代的神學爭論。這在猶太—基督宗教圈子裏很盛行，是一種方便的方式，將兩個姊妹宗教聯繫在一起，取消了向猶太人傳揚基督宗教的任何努力的正當性。這已經引起一些基督宗教機構的尷尬反應；這些機構正式從事對話，並關注這種對話對解讀保祿和天主教—新教關係的可能影響。二〇一五年，「宗座

47. Nanos, *Reading Paul within Judaism*, 26.
48. Gaston, *Paul and the Torah*, 5; Stowers, *A Rereading of Romans*, 21.
49. Stefan Larsson, "Just an Ordinary Jew: A Case Why Paul Should Be Studied within Jewish Studies," *Nordisk Judaistik / Scandinavian Jewish Studies* 29.2 (2018): 9.
50. Larsson, "Just an Ordinary Jew," 7.
51. Gager, *Reinventing Paul*, 59.

促進基督徒合一委員會」（the Pontifical Council for Promoting Christian Unity）迫切感到需要發佈聲明，從基督宗教觀點重申：「不會有救恩的兩條道路，因為基督除了是外邦人的救主，也是猶太人的救主。」[52]

但是，從純粹歷史的角度看，應當注意的是，倘若兩條道路的解決方案的目的是使保祿從不寬容的指控下「恢復名譽」，那麼，我們會發現，除了對猶太人，他對其他所有人都不寬容，這並不算是有多少進展。[53] 兩個盟約的解決方案或許是「拯救保祿脫離反猶太教的指控和救他脫離現代基督徒的批評的動人嘗試」，[54] 但穆斯林、其他宗教的信徒，或不信教者該怎麼辦？如果對外邦人的救恩只是藉由耶穌賜給，外邦人（人類的壓倒性多數）就要一直受譴責，除非他們信仰耶穌。即使我們因猶太人遵守妥拉而將他們從不信教者中除去，我們是否確信，這就是保祿想要宣揚的信息，即耶穌是外邦人通往救恩的唯一和獨有的道路？也許保祿不是反猶太教，但如果這是他所想的，他仍然是宗教不寬容的支持者。

52.「教會的信念（是）：基督是所有人的救主。因此，不會有救恩的兩條道路，因為基督除了是外邦人的救主，也是猶太人的救主。在此，我們直面天主工程的奧秘；這不是使猶太人皈依的福傳問題，而是對主將帶來的時辰的期待，那時我們所有人都會聯合起來。」Document by the Pontifical Council for Promoting Christian Unity, December 15, 2015。

53. Kimberly Ambrose, *Paul among Jews: Rehabilitating Paul* (Eugene, OR: Wipf and Stock, 2015).

54. Daniel Boyarin, *A Radical Jew: Paul and the Politics of Identity* (Berkeley: University of California Press, 1994), 42.

保祿與第二聖殿猶太教

我是第二聖殿猶太教的專家，將基督宗教和拉比猶太教看作古代以色列宗教的兩個並行的（且同等合法的）結果。我將保祿看作一個獨特的第二聖殿運動的領袖，這個運動逐漸（遠在他的時代之後）發展為一個獨立的宗教。

我從未滿意過傳統的路德宗，它讓保祿成為猶太教和基督宗教之間的分界線。早在一九九一年，在《中間的猶太教》（*Middle Judaism*）一書中，我就表達了我的觀點，即「保祿屬於猶太教」，並摒棄了從一個「特選主義的」猶太教——基督宗教神學傳統上最惡劣的模式化觀念之一——發展而來的「普救論的」基督宗教的觀念。[55]

我所有的支持都給與「猶太教內的保祿」的觀點——「保祿和古代的任何猶太人一樣，具有同樣的猶太性。」[56] 懷著深深的確信，我毫無保留地附議納諾斯，支持潘梅拉・艾森鮑姆（Pamela Eisenbaum）的呼籲：「保祿是毫不含糊的猶太人——種族上、文化上、宗教上、倫理上，以及神學上。」[57] 他還能是其他甚麼人？保祿生來是猶太人，父母是猶太人，受過割禮，他的著作並未支持（或甚至暗示）他已成為（或將自

55.「沒有新約著作具有更多的或更少的猶太性，簡單的原因是他們都具有猶太性……就連保祿也屬於猶太教：他所表達的觀念（包括那些顯得最外來的觀念，諸如原罪和因信成義的理論），是一世紀猶太文化和宗教遺產的內在部分……當然，在新約中存在一個明顯向外的爭論，但這本身是當時猶太教內部爭論的一部分。」Boccaccini, *Middle Judaism: Jewish Thought, 300 BCE to 200 CE* (Minneapolis: Fortress, 1991), 215.

56. Zetterholm, *Approaches to Paul*, 1.

57. Eisenbaum, *Paul Was Not a Christian*, 9.

已看作)一個背教者。

然而,作為一名歷史學家,我還沒有被兩條道路的解決方案完全說服。在保祿書信中,有難以克服的解經上的困難,將其忽視,並看作純粹的「修辭性策略」的表達,需要複雜且飽受煎熬的解經過程。我與丹尼爾·博亞林(Daniel Boyarin)和約翰·科林斯(John Collins)在內的第二聖殿專家共有的懷疑態度,有更深的動因。[58]兩條道路的解決方案與基督宗教起源領域的當代研究結果相悖。耶穌運動誕生於猶太教內部,許多猶太人(包括保祿)之所以參加這場運動,是為了尋求救恩。在向外邦人傳教的觀念還沒有發展出來之前,他們就已相信耶穌是默西亞;他們領洗的個人原因,和包容外邦人完全沒有關聯。

猶太人保祿

如果我們今天能談論猶太人耶穌或猶太人保祿,那是因為我們對一世紀猶太教的理解在過去的幾十年間產生了深刻的變化。一九一三年,羅伯特·亨利·查爾斯(Robert Henry Charles)在其文集《舊約次經與偽經》(*The Apocrypha and Pseudepigrapha of the Old Testament*)中,將第二聖殿猶太教描述為「有多個教派的教會」。當時,他的聲音基本上是孤立的,被規範猶太教(normative Judaism)和正統基督宗教(orthodox Christianity)的高音量包圍。[59]今天,情況不復

---

58. Boyarin, *A Radical Jew*, 42; Collins, *The Invention of Judaism*, 172-73.

如此。在過去的五十年中，學術研究已經建立起古代猶太多樣性的可靠實況。死海抄本以及所謂的舊約「次經」和「偽經」，揭示了一個富有創造力的、活躍的時代，以及一個生氣勃勃的、多元化的環境；在其中，猶太教迥然不同的多種表達共存，包括新生的基督宗教運動。

「多種猶太教」（*Judaisms*）這個詞由雅各伯・紐斯納（Jacob Neusner）於二十世紀八〇年代創造（以及這個詞的鏡像同伴「多種基督宗教」〔*Christianities*〕）的時候，本來可能不會獲得普遍接納，但所有同時代的專家都感到有種迫切的需要，得使用某種複數形式來描述第二聖殿時期的多種猶太教（和基督宗教）。一度被描述為神學上的單一龐大的世界，現在常被呈現為多樣和充滿活力的世界；在這個世界裏，基督宗教和拉比猶太教以各種競爭性表達方式興起。[60]

這個明顯的現實擺在每個人眼前。在猶太教或基督宗教的歷史上，這兩大宗教從未有過一刻作為單一龐大的宗教存在。第二聖殿猶太教也不例外；它分裂成彼此對話和競爭的多種思潮。今天我們談論正統的、保守的和革新的猶太教，以及東正教、天主教和新教等基督宗教，但甚至在這些現代

59. Robert Henry Charles, ed., *The Apocrypha and Pseudepigrapha of the Old Testament* (Oxford: Clarendon, 1913).

60. 我發現，對使用單數形式（各種猶太教和基督宗教〔varieties of Judaism and Christianity〕）或複數形式（多種猶太教或多種基督宗教〔Judaisms or Christianities〕）的語義討論有些沒有意義。不論你稱呼它們為「多種猶太教」（Judaisms）還是「不同種的猶太教」（different varieties of Judaism），本質沒有改變：在今天，和在耶穌時代一樣，不存在理解猶太教的單一方式；存在的是處於對話或競爭中的不同方式（或多種猶太教）。耶穌運動興起時，這些分歧很快反映在這個新運動中，產生了不同形式的基督宗教（或多種基督宗教）。

分法出現之前,其他分法也在歷史上遍存。昨天就像今天。

在這樣一個體系內,認識到保祿曾經是,並終其一生一直是猶太人,一位遵守妥拉的猶太人,不能作為我們探究的結論;它只是出發點。儘管對保祿猶太性的肯定本身是重要的,但也說明不了甚麼。真正的問題,像耶穌的問題一樣,不是保祿是否是猶太人,而是保祿是甚麼樣的猶太人,因為在第二聖殿猶太教的多樣性世界裏,有許多作為猶太人的不同方式。將保祿打上「只是一位平常的猶太人」[61] 的標籤可能很刺激,但幾乎不能算是有結論的答案,因為在第二聖殿時期,不存在所謂平常的猶太人。

既然我在本書中的許多評論都聚焦在保祿的猶太性上,讓我先澄清一下,當我們將「保祿的猶太性」用作前提時,我們暗指的不是甚麼,以避免一些常見的誤解,是很重要的。

一、為了主張保祿的猶太性,我們不需要證明,他是一位像其他任何人一樣的猶太人,或他不是一位原創性思想家。重要的是,不要將一個不同於保祿所在時代裏的任何其他猶太人的標準用在他身上。聲稱在保祿身上發現了任何在其他猶太作者身上絕無僅有的觀念,且此觀念使得保祿是非猶太的(*non-Jewish*),會引出一個悖論,即第二聖殿猶太教沒有任何原創性思想家應被認為是猶太的——斐羅(Philo of Alexandria)、約瑟夫(Josephus Flavius)、希勒爾(Hillel)或義師(the Teacher of Righteousness)肯定都不是猶太的,因為這些人都為他們時代的常見問題提供了原創性的解答。

---

61. Larsson, "Just an Ordinary Jew."

為何只因保祿闡述了一些原創性的思考，就應認為只有他是非猶太的或不再是猶太的？區分保祿身上的猶太和非猶太的（或基督徒的）觀念，這個想法本身沒有任何意義。保祿按其傳統觀念是猶太的；就算按其原創性，也一直如此。保祿是一位猶太思想家，他的所有觀念（甚至最不循常規的觀念）都是猶太的。

　　二、為了主張保祿的猶太性，我們不需要對以下事實輕描淡寫：不僅在第二聖殿猶太教內，而且在早期耶穌運動內，他都是一位很有爭議的人物。傳統解釋認為：（在他的運動內外的）爭議的產生，正是因為他固執地決定將基督宗教和猶太教分離。但是，這個解釋沒有考慮第二聖殿猶太思想的多樣性。從來不曾有過一個單一龐大的猶太教與一個同等單一龐大的基督宗教相對立。猶太教有諸多不同的種類（包括早期耶穌運動，而早期耶穌運動就其內部成分來說，也是非常多元的）。

　　三、為了主張保祿的猶太性，我們不需要證明，他對他的猶太同胞沒有甚麼要說，以及他的使命僅以包容外邦人為目標。將保祿的整個神學論述局限於包容外邦人這唯一問題，會再次將猶太人保祿圍於猶太教邊緣，使其神學的許多意涵在第二聖殿猶太思想的更廣語境中黯然失色。正如博亞林在其關於保祿的著作中提醒我們的，猶太人就是猶太人，就算他或她對自己的宗教傳統或猶太教的其他競爭形式表達了激進的自我批評，也一直是猶太人。[62]澄清了這些方法論前

---

62. Boyarin, *A Radical Jew*.

提後，現在可以嘗試在解讀保祿時，不是僅僅將其與猶太教
關聯起來，或置於其猶太背景下，而是將其作為猶太教的內
在部分。艾森鮑姆正確地注意到，「如果一個古羅馬軍團的
百夫長截獲了保祿的《羅馬書》，他會快速地認出它是猶太
的……而且，保祿書信也會被當時的其他猶太人認為是猶太
的。」[63] 我要補充的是，如果耶穌運動從未發展成一個自治的
宗教，我們今天仍會用以下面方式解讀保祿：視他為第二聖
殿時期的一位猶太作者，就像義師、斐羅或希勒爾一樣；即
使這些人的立場是原創和獨特的，他們的猶太性也從未受到
質疑。不需要將保祿作為「邊緣猶太人」或「與眾不同的猶
太人」單獨提及。[64] 如果我們認為斐羅、義師或希勒爾是猶太
人，同時又代表了第二聖殿猶太教的獨特形式，那麼，我們
可以同樣如此看待保祿。

對保祿的現代神學解讀當然不能不考慮後期的發展，但
一種歷史的、非時代錯置的解讀，驅使我們想像這樣一個時
代：基督徒保祿的處境並非不同於厄色尼派的義師、法利塞
人（法利賽人）希勒爾，以及希臘化的猶太人斐羅。或許，現
在是時候將保祿這個人物重置於他所屬的原初歷史語境了。

有明顯的跡象表明，現今的研究正朝這個方向發展。
第二聖殿猶太教的最新詞典，諸如《伊爾德曼斯早期猶太教
詞典》（*Eerdmans Dictionary of Early Judaism*）或《T&T克

---

63. Eisenbaum, *Paul Was Not a Christian*, 7-8.
64. Calvin J. Roetzel, Paul: *A Jew on the Margins* (Louisville: Westminster John Knox, 2003); Michael F. Bird, *An Anomalous Jew: Paul among Jews, Greeks, and Romans* (Grand Rapids: Eerdmans, 2016).

拉克第二聖殿猶太教百科全書》（*T&T Clark Encyclopedia of Second Temple Judaism*），包含了關於保祿的詞條。[65]《哈諾客四書：第二聖殿猶太教在線百科全書》（*4 Enoch: The Online Encyclopedia of Second Temple Judaism*）包括了對古木蘭或斐羅的研究，同樣也包涵對保祿的研究。[66]將保祿包括在第二聖殿猶太教研究中，就連僅僅幾年前也是不可想像的；而且，這與將新生的耶穌運動重新定位到一世紀的猶太教語境不期而遇，對於後者，我們在國際層面上看到了顯著的跡象。[67]

　　這本書的目的是將「猶太教內的保祿」這一觀點的範式作為我們關於保祿的對話的出發點，而不是作為結論。這種方法的潛力才開始顯現。在充分理解這種方法的重大可能影響之前，我們仍有很長的一段路要走。

　　我同意蓋格，我們必須盡可能地「抵擋想要透過曲解的解經，將保祿從矛盾和不一致的尷尬中解救出來的誘惑。」[68]在給保祿的話語貼上前後矛盾的標籤、或因其敗壞了我們當代的範疇而想要將其正常化之前，我們應當不遺餘力地理解其在

65. John J. Collins and Daniel C. Harlow, eds., *The Eerdmans Dictionary of Early Judaism* (Grand Rapids: Eerdmans, 2010); Loren T. Stuckenbruck and Daniel M. Gurtner, eds*., T&T Clark Encyclopedia of Second Temple Judaism* (London: T&T Clark, 2019).

66. Gabriele Boccaccini, ed., *4 Enoch: The Online Encyclopedia of Second Temple Judaism*, www.4enoch.org.

67. 哈諾客研討班（The Enoch Seminar）舉辦了兩場關於「猶太人保祿」的國際會議。參Gabriele Boccaccini and Carlos A. Segovia, eds., *Paul the Jew: Rereading the Apostle as a Figure of Second Temple Judaism* (Minneapolis: Fortress, 2016)；Isaac W. Oliver and Gabriele Boccaccini, eds., *The Early Reception of Paul the Second Temple Jew* (London: Bloomsbury T&T Clark, 2018)。

68. Gager, *Reinventing Paul*, 11.

原初背景中的內在邏輯和一致性。真實的保祿應當在其七封真實書信中復原,但解讀這些書信時,不應將其完全孤絕於當時的任何其他猶太文本,而應在當時的整個文學語境中理解。

我們首先應當努力將保祿與其第二聖殿背景牢牢地聯繫在一起,而不必將後來的範疇強加給他。而且,對在一世紀的猶太教作為耶穌的跟隨者意味著甚麼,我們也應當有更好的理解。為了達到這些目標,我們不應將第二聖殿猶太教看作保祿建構自己的獨特思想體系的靜態背景。在歷史上,沒有一種運動是不知從何處忽然興起的,而是從其環境中可利用的所有事物上,各汲取了一些。嶄新而獨特的猶太教形式作為以前體系的變體,動態地興起;保祿的猶太教也不例外。因此,我們不應以定義保祿神學開始我們的分析,然後為了理解保祿,從他再倒退到猶太教。我們的出發點應當是第二聖殿猶太教充滿活力地向保祿前進的思想史,好能辨別出,保祿和早期耶穌運動的其他領袖,以及在他們之前的耶穌本人,所承繼和想要回應的問題。

為了將猶太人保祿正確定位於第二聖殿猶太教的多樣性世界,我們需要在新約學者和第二聖殿專家之間建立更好的溝通。迄今為止,這兩個領域的研究彼此疏遠,對對方充耳不聞。只要保祿專家們僅在他們自己中間討論保祿,而第二聖殿專家沒有參與關於保祿的任何對話,就實現不了甚麼進展。「保祿研究需要猶太研究」,正如猶太研究需要保祿研究。[69]保祿研究的完善和未來,首先依賴於填充這個空白。

基督徒保祿

一旦我們將保祿作為猶太人中的一位，以及第二聖殿期間多樣性的猶太聲音中的一個，牢牢地與猶太教重新聯繫在一起，仍有一個問題，即保祿與我們如今所稱的基督宗教的聯繫。根據基督宗教在四世紀變成的或如今所是的樣子的限定因素，很明顯，保祿不是一位基督徒。

但是，說「耶穌不是基督宗教的創立者，保祿也不是第二位創立者」，[70] 就太過了。主張耶穌和保祿屬於羅馬統治的巴勒斯坦的一世紀猶太教語境，並不意味他們與後來的基督宗教歷史毫無關係。主張應在猶太研究領域裏研究耶穌和保祿，並不表示不應也在新約和早期基督宗教研究領域中研究他們。

在今天的世界裏，猶太教和基督宗教處於對稱關係（symmetrical relationship）中。猶太教和基督宗教是兩個不同的宗教。基督宗教不是猶太教，基督徒也不是猶太人。在保祿的時代，情況非常不同。猶太教和基督宗教處於非對稱關係（asymmetrical relationship）中。耶穌運動已成一個不同的團體存在，但基督宗教尚未作為一個脫離猶太教的獨立宗教存在。耶穌的追隨者大部分是猶太人，如保祿自己在耶路撒冷被當地團體所提醒的：「弟兄！你看，在信教的猶太人中

---

69. 參 Alan F. Segal, *Paul the Convert: The Apostolate and Apostasy of Saul the Pharisee* (New Haven: Yale University Press, 1990), xiv-xvi; Larsson, "Just an Ordinary Jew," 14.

70. Gager, *Reinventing Paul*, vii.

盈千累萬，都是熱愛法律的人」（宗廿一 20）。耶穌運動誕生時，是猶太教內部的一個默西亞和默示性運動，是第二聖殿猶太教的一個變體。[71]

作為一世紀的猶太人，並不意味著服從一個單一龐大的模式，而是參與常見的爭論；在爭論中，從過去承繼的範疇得到創造性的發揮，以及持續不斷的、嶄新的（有時是出乎意料的）發展。作基督徒意味著在這場爭論中成為參與者。耶穌運動並非一世紀猶太教中的一個外在肢體，也並非猶太傳統的私生子。[72]

一旦耶穌的追隨者開始將自己不再看作其他猶太群體中間的一個特殊猶太群體，而是忠信地遵循天主旨意的唯一猶太群體，他們和其他猶太人之間的關係便隨著時間的推移日益惡化。到《若望福音》寫成時，耶穌運動大致已經變成一個教派，將他們的猶太教視為猶太教的唯一合法形式。[73]然而，基督宗教「從未分離」於其猶太根源。[74]耶穌運動從古代晚期的其他猶太群體分離，不是透過摒棄猶太教的過程，而是透過在猶太教內部逐漸極化的過程。

71. Gabriele Boccaccini, "What Is Judaism?: Perspectives from Second Temple Jewish Studies." In *Religion or Ethnicity?: Jewish Identities in Evolution*, ed. Zvi Y. Gitelman (New Brunswick: Rutgers University Press, 2009), 24-37.

72. Alan F. Segal, *Rebecca's Children: Judaism and Christianity in the Roman World* (Cambridge: Harvard University Press, 1986).

73. Adele Reinhartz, *Cast Out of the Covenant: Jews and Anti-Judaism in the Gospel of John* (Lanham: Lexington Books-Fortress Academic, 2018).

74. Adam H. Becker, and Annette Yoshiko Reed, eds., *The Ways That Never Parted: Jews and Christians in Late Antiquity and the Early Middle Ages* (Tübingen: Mohr Siebeck, 2003).

耶穌和保祿對基督宗教從猶太教分離都不必負個人責任，也肯定沒有任何促進分裂的意圖。對於保祿來說，耶穌的追隨者和不相信耶穌的猶太人（他看作「執迷不悟的」以色列的「一部分」）之間的分離是一個痛苦但暫時的事件；到最後，「全以色列也必獲救」（羅十一25-26）。但是，保祿和耶穌也不是完全無辜。他們很大程度上促進了極化過程的引發，而這個極化過程導致了猶太教內部的基督宗教和拉比猶太教之間的「分道揚鑣」。

和完全與猶太教分離的傳統基督徒保祿不同的另一位保祿，不可能是一位完全與基督宗教分離的猶太人保祿。我們不應當將猶太人保祿與基督徒保祿對立看待。真正的保祿既不專門屬於猶太教，也不僅僅屬於基督宗教，而是屬於第二聖殿的多元化，是第二聖殿最激進和最獨特的成分。第二聖殿猶太人保祿是耶穌的一世紀猶太追隨者。

在第二聖殿時期的多元世界，作耶穌的追隨者是保祿作猶太人的方式，但這也促進了猶太教內部的極化過程；這種極化最終為基督宗教作為一個獨立和自治的宗教奠定了基礎。第二聖殿猶太人保祿共時性地（synchronically）屬於猶太教歷史，正如他歷時性地（diachronically）屬於基督宗教的歷史。基督徒保祿和猶太人保祿是同一個人。

結語

本書沒有想要處理保祿神學中數量眾多和複雜的所有問題，也不打算討論這麼多傑出學者對理解保祿的生活和思想

已做出的許多重要貢獻。這是一部思想史著作，旨在提供一些評論，將保祿這個人物解讀為第二聖殿猶太教的主要參與者之一，正是因為他對新生耶穌運動的發展以及耶穌運動的獨特猶太神學的發展所做出的貢獻，而不是「儘管」他做出了這些貢獻。數個世紀以來，保祿的每一句話都受到小心謹慎和無休無盡的推敲；在對待這樣一個領域時，本書的註腳和書目限於那些最基本的，以免迷失了主要目標，即：將保祿呈現為第二聖殿猶太人和耶穌的一世紀猶太追隨者。本書的分析將與致力於相同目標的其他國際專家不斷對話。

在過去的幾十年間，整個討論似乎聚焦於一個基本問題：保祿在基督內的救恩信息是想要給每個人（猶太人和外邦人），還是僅想給外邦人？傳統上講，保祿被看作救恩信息的傳遞者，這信息先賜給了猶太人，然後賜給了外邦人（這是「新觀點」未徹底改變的一個解釋）。「猶太教內的保祿」的觀點只是將保祿信息的受眾僅限於非猶太人，排除了猶太人，而沒有顯著地改變他信息的內容。

我想要採取一個不同的方向，以及質疑當前保祿研究共有的一些假定，來解決當前的僵局。保祿和耶穌的第一批追隨者提供的是甚麼？在基督內的救恩，還是在基督內的寬恕？誰是這信息的意向受眾？所有人（猶太人和外邦人），還是僅僅以色列家和萬民中「丟失的羊」（即罪人）？換而言之，耶穌的第一批追隨者（包括保祿）所傳揚的是甚麼福音？給那些信仰耶穌的人（猶太人和外邦人）的因信得救（salvation by faith），還是給信仰耶穌的罪人（猶太人和外邦人）的因信得恕（forgiveness by faith）？保祿的信息是給不信教者的毀滅

信息，還是給罪人的拯救信息（猶太人和外邦人），即「所有人都應得救」？[75]

關於這些問題，第二聖殿猶太教的語境告訴我們甚麼？保祿是第二聖殿猶太人，耶穌的追隨者，猶太思想家，一場猶太改革運動的宣導者，就連這場改革運動的最激進的方面，也是一世紀猶太多樣性的內在部分。一旦我們終止將後來的神學建構和關注強加給古代文獻，不再將猶太人保祿與基督徒保祿對立起來，我們甚至會發現，猶太人保祿可以幫助我們更好地理解耶穌運動是甚麼，以及它為何作為猶太教的一個獨特形式興起，隨後的逐漸激進化又如何使它形成了一個獨立和自治的宗教。

75. David Bentley Hart, *That All Shall Be Saved: Heaven, Hell, and Universal Salvation* (New Haven: Yale University Press, 2019).

第二章

從未皈依的皈依者保祿

皈依者保祿

對保祿的傳統解釋的主要基礎之一是「認識到保祿和他的團體不同於猶太教」。[1] 這個觀念也一直是新觀點的中心。用賴特的話說,「作猶太人不再是保祿的基本身份。」[2] 並非有人質疑保祿生來是猶太人,但他皈依了基督宗教,因此否認了猶太教的有效性。從後期基督宗教的角度,他的皈依最終「(使他)轉變成前猶太人,或甚至反猶太者;的確,轉變成外邦基督宗教的創立者」[3]。

不可避免地,任何關於猶太人保祿的討論都必須始於正確理解其所謂的皈依。保祿書信和《宗徒大事錄》提供了保祿在加入耶穌運動前,作為猶太人生活的一些重要資訊。

1. Mark Nanos, *Reading Paul within Judaism* (Eugene, OR: Cascade Books, 2017), 15.
2. N. T. Wright, *Paul and the Faithfulness of God* (Minneapolis: Fortress, 2013), 1436.
3. Paula Fredriksen, *Paul the Pagans' Apostle* (New Haven: Yale University Press, 2017), xii.

他生活在散居的猶太人中，是羅馬行省基里基雅（基利家）的首府塔爾索的本地人和公民（宗九11、廿一39、廿二3）。在《宗徒大事錄》中，保祿反覆地誇耀他作為羅馬公民的身份，這身份賦予了他羅馬法下的特權和保護（宗十六22[4]）；他聲稱，他從父親那裏繼承了羅馬公民身份（「我卻生來就是〔公民〕」，宗廿二28）。

保祿出生和成長在猶太家庭，自孩提起就應該是當地猶太團體的成員，受教讀妥拉。他的希伯來語、阿拉美語和希臘語肯定很流利。從他的著作看，他似乎也受過希臘語修辭學的教育，但在古代文獻裏沒有特別提到這一點。

雖然保祿無疑是一位來自「本雅明支派」（便雅憫支派，羅十一1、斐〔腓〕三5）的猶太人，最相關的問題是，要理解保祿是甚麼樣的猶太人；因為在第二聖殿猶太教的多元世界裏，有許多不同的作猶太人方式。這裏，我們從古代文獻可以得到一個沒有爭議的回答。保祿稱自己為「法利塞人」（斐三5）；《宗徒大事錄》也是如此（宗廿三6、廿六5），並且說，保祿曾作為加瑪里耳（迦瑪列）的學生，住在耶路撒冷一段時間。「我原是猶太人，生於基里基雅的塔爾索，卻在這城裏長大，在加瑪里耳足前，對祖傳的法律，曾受過精確的教育；對天主我也是熱忱的」（宗廿二3）。《斐理伯書》（腓立比書）提供了保祿加入耶穌運動前的早期生活簡介。保祿稱自己「我生後第八天受了割損，出於以色列民族，屬於本雅明支派，是由希伯來人所生的希伯來人；就法

4.應是宗十六37──譯注。

律說，我是法利塞人；就熱忱說，我曾迫害過教會；就法律的正義說，是無瑕可指的」（斐三4-6）。

宗八1-3突然介紹保祿是教會的敵人，與第一位殉道典範斯德望（司提反）形成鮮明對比。保祿「贊成」殺死斯德望，騷擾早期耶穌運動成員。他參與了對「耶路撒冷教會」的迫害，這場迫害將希臘化者驅散到「猶太和撒瑪黎雅（撒瑪利亞）鄉間」（宗八1）。

在保祿真正書信的幾處地方，他公開提及自己在「皈依」前對耶穌運動成員的迫害行動，其中最重要的是在《迦拉達書》中：「你們一定聽說過，我從前尚在猶太教中的行動：我怎樣激烈地迫害過天主的教會」（迦一13）。他的說法是，他的迫害是因為熱忱（迦一14、斐三6）。這似乎表明，法利塞人保祿受到丕乃哈斯（非尼哈）或瑪加伯兄弟的父親瑪塔提雅（瑪他提亞）與背教者的激烈鬥爭的吸引。不論他的動機是甚麼，他與大司祭（即撒杜賽人〔撒都該人〕）通力合作，共同反對耶穌運動中最激進的成員。

但應當注意的是，保祿參與的迫害並非針對耶穌運動的所有成員，而僅是斯德望所領導的希臘化教派；根據《宗徒大事錄》第七章，斯德望被指控推行關於耶路撒冷聖殿和遵守妥拉的激進觀點。耶穌運動的「希伯來人」不在保祿的迫害行動之內。宗五34-39表明，加瑪里耳在耶穌死後保護宗徒們免於撒杜塞人的怒火一事上，起了關鍵作用；但這段經文在法利塞人對希臘化者的態度，卻沒有說甚麼。因為宗徒們是希伯來人，而非希臘化者，保祿的作為應該不會和他的老師加瑪里耳的立場相去甚遠。

我們得知，保祿後來被派到大馬士革，去調查那裏的耶穌追隨者的行蹤。在他往大馬士革的路上，發生了一件事，徹底改變了他對耶穌運動的態度（迦一13-17；參宗九1-19、廿二4-16、廿六9-18）。保祿將這個事件形容為「耶穌基督的啟示」（迦一12）。按照《宗徒大事錄》，「當他前行，快要臨近大馬士革的時候，忽然從天上有一道光，環射到他身上。他便跌倒在地，聽見有聲音向他說：『掃祿，掃祿，你為甚麼迫害我？』」（宗九3-4）

按照對保祿的傳統理解，「去大馬士革路上的皈依」是「猶太人保祿」與「基督徒保祿」之間的分水嶺，如塞西莉·斯潘塞—史密斯·菲利莫爾（Cecily Spencer-Smith Phillimore）給自己的兩本小說所起的名字（分別出版於一九二七年和一九三○年），用來形容保祿在這個事件前後的生活。[5] 正是在這一點上，有人說，保祿不再是猶太人，奇跡般地皈依了基督宗教。他摒棄了猶太教的律法主義和特選主義，接受基督宗教的普世觀。[6] 透過摒棄在猶太教的早期邪惡生活，猶太人保祿成了基督徒保祿。

外邦改教者

在古代，皈依作為一種徹底放棄個人宗教和倫理身份

---

5. Cecily Spencer-Smith Phillimore, *Paul the Jew* (London: Hodder and Stoughton, 1927)；以及 *Paul the Christian* (London: Hodder and Stoughton, 1930)。

6. Ferdinand Christian Baur, *Paulus der Apostel Jesu Christi: sein Leben und Wirken, seine Briefe und seine Lehre* (Stuttgart: Becher & Müller, 1845; 2nd rev. ed. by Eduard Zeller, 1866-67).

的經驗，已為人熟知。伴隨皈依者經驗的興奮和絕望、失去與得到等複雜感受，在《若瑟與阿斯納特》（*Joseph and Aseneth*）中，在斐羅和約瑟夫的著作中，在希臘─羅馬語境裏，在阿普列烏斯（Apuleius）的小說《金驢》（*Asinus aureus*）中，都可以看到。約翰・蓋格和保拉・弗雷德里克森（Paula Fredriksen）各自說明，在由民族界限嚴格規定的古代社會，皈依遠非「只是在個人信仰聲明中改變原則或教義的問題」。[7] 它是一種個人創傷性經驗，一種身份上的完全改變，以徹底和過去決裂和斷絕家庭和社會紐帶為特徵，特別的標誌是男性皈依者需要行割禮。對猶太人，這意味著接受一個「陌生人」為新家庭成員；對改教者的家庭，他／她是背教者和變節者。外邦人也很了解這一點。「被冒犯的愛國異教徒抱怨：一個改教者背叛了家庭、祖先習俗和神靈」。[8] 塔西陀（Tacitus）對改教者只有鄙視，因為他們學的第一課是「輕視神靈，否認自己的國家，很少考慮他們的父母、孩子和兄弟」（*Hist.* 5.5.1-2）。

　　《若瑟與阿斯納特》表明，這正是一位皈依者要遇到的，無論男女。[9] 阿斯納特在其皈依的神秘狂熱中，經歷了一個複雜的懺悔歷程：

---

7. Stefan Larsson, "Just an Ordinary Jew: A Case Why Paul Should Be Studied within Jewish Studies," *Nordisk Judaistik / Scandinavian Jewish Studies* 29.2 (2018): 7; cf. John J. Gager, *Reinventing Paul* (Oxford: Oxford University Press, 2000), 24; and Fredriksen, *Paul the Pagans' Apostle*, 8-31.

8. Fredriksen, *Paul the Pagans' Apostle*, 68.

9. Jill Hicks-Keeton, *Arguing with Aseneth: Gentile Access to Israel's Living God in Jewish Antiquity* (Oxford: Oxford University Press, 2018).

阿斯納特取出她所有的無數金銀神像，將它們碾成碎片，扔出窗外給窮苦人。阿斯納特又取出她的皇家晚宴，甚至肥美的野獸、魚和肉，給她的神靈們的祭物，以及給這些神靈獻酒的酒器；她將這些全都扔出窗外，餵了狗。這之後，她取了灰，倒在地上。然後，她拿麻布裹了腰，去掉頭髮上的髮帶飾品，將灰撒在身上。（Jos. Asen. 10:13-16）

　　結果，阿斯納特和她的家庭斷絕了所有紐帶。她的信任和希望現在只在以色列的天主身上：「我的父親和母親不認我，因為我摧毀和擊碎了他們的神靈。上主，除了你，我沒有別的希望，因為你是孤兒的父親，受迫害者的支持，被壓迫者的助援。」（Jos. Asen. 12:11）

　　皈依者受到自己人的怨恨，不容易融入到新的家庭裏，《若瑟與阿斯納特》的第二部分說明了這一點。若瑟（約瑟）的兩個哥哥，丹（但）和加得（迦得），與法老共謀反對阿斯納特，而雅各伯（雅各）的其他兒子為她辯護。為了避免這樣的紛爭，後來的猶太傳統將阿斯納特處理成生來就是猶太人，是狄納（底拿）的女兒（Tg. Jonathan 關於創四一45；四六20；四八9；Pirke of Rabbi Eliezer 三八1）。

　　斐羅不得不面對同樣的偏見。他也將改教者比成孤兒和寡婦。他們需要特別的關照和保護，因為「他們捨棄了曾養育他們的國家和他們的民族習俗」（*Spec.* 1.309）。他提醒讀者，按照梅瑟法律，改教者現在以平等的身份加入了以色列子民，和那些生來就是猶太人的人一樣，取得了同樣的合乎規範的地位（肋〔利〕十八26、十九33-34、戶〔民〕十五

14-16）：

　　〔梅瑟〕接納了具有相似品格和性情的人，不論他們是否出生時本來如此，還是透過行為上的改變而變得如此，從而成了更好的人，並以此有資格躋身上等階層……對於後者，他稱之為改教者，基於他們改變了立場，接受了一個嶄新且敬畏天主的制度，學習不在乎其他民族的絕妙發明，依附於純粹真理。因此，梅瑟在給了所有改教者平等的等級和榮譽，並賦予他們曾授予猶太本地人的同樣恩慈之後，勸告那些真理使之高貴的人不僅待他們以尊重，甚至還待他們以特殊的友情和額外多的仁慈。這難道不是一個合理的勸告？他的話如下：「那些人為了美德和聖潔而離開他們的國家、朋友和親人，總不應再沒有其他一些城市、房屋和朋友，而總應有避難的地方，給那些皈依宗教的人；因為最有效的誘惑和最牢不可破的充滿愛的善意紐帶，是相互尊崇唯一天主。（*Spec.* 1.51-52）

　　雖然似乎沒有古代猶太文本公開宣揚外邦人的皈依，[10] 這種做法實際並未受到禁止，尤其是外地居民、配偶和奴隸出於實際目的的情況。「改教者」（*proselyte*）這個詞在猶太墓葬的碑銘和文學作品中經常出現（參宗六5所提到的「尼苛勞（尼哥拉）……歸依猶太教的安提約基雅（安提阿）人」。約瑟夫提到安提約基雅的猶太人，確定他們不僅「人數增加了許多……而且他們使眾多希臘人永久改了教，因此，在某種

---

10. Martin Goodman, *Mission and Conversion* (Oxford: Clarendon, 1994), 60-90.

程度上，使他們成為自己肢體的一部分」（*J.W.* 7.45）。

猶太背教者

除了皈依猶太教的非猶太人的例子，在古代文獻中，我們也有猶太人「彌補割損的痕跡，背離聖約……服從外邦人的規律」（加上一15）的例子。

對背教的指責是第二聖殿猶太教內部猶太爭論經常發生的事。這些指責並不總是反映個人或群體的意志或自我意識。毋寧說，對背教的指責有時僅表達了宗教或政治上的對手對其競爭者的蔑視。有兩個顯著的例子，即古木蘭團體對他們的宗教對手，以及福音對其他猶太人的猛烈抨擊。猶太起義者將那些支持羅馬人的人貼上「叛徒」的標籤，但被約瑟夫回報以同樣的指責；約瑟夫那時已重新加入了他以前的羅馬朋友的陣營，這些羅馬人在加里肋亞（加利利）戰役期間曾是他短暫的敵人。[11]斐羅認為，極端的寓意解經家走得太遠了，因為他們正在廢除法律實踐：「有些人根據屬於智性事物的象徵符號，在字面意義上看待法律。這些人對這些象徵符號過於謹小慎微，卻隨意忽視法律。」（*Migr.* 89）

這些人並不是真正意義上的背教者。他們接受法律的「意義」，並沒有想摒棄猶太教。他們的目標是解釋猶太教法律，將一種斐羅本人也使用和宣傳的法律方法推至極致的結果（「誠然，受割禮的確表現了對愉悅和所有激情的切除，以

11. Pierre Vidal-Naquet, *Flavius Josèphe; ou, Du bon usage de la trahison* (Paris: Éditions de Minuit, 1977).

及對不虔誠幻想的放棄」(*Migr.* 92)。

　　但是，在有些情況下，似乎清楚的是，一些猶太人真的想要放棄自己的猶太民族身份。大黑落德（希律）的兒子亞歷山大的後裔們（羅馬人使他們成為亞美尼亞王國的諸統治者），「在他們出生後，迅速丟棄了猶太宗教，皈依了希臘人的宗教」（約瑟夫，*Ant.* 18.141）。他們的決定（或他們家族的決定）顯然出於機會主義的緣由，是一種有助其在羅馬管理下的職業的方式。斐羅在〈梅瑟〉1.30-31批評一些人，這些人不像梅瑟，在尋求社會上的成功時，「忽視了自己的親人和朋友，違犯了他們賴以出生和長大的法律；他們推翻了自己國家的祖傳習俗——他們對這些習俗沒有給予公正的指責，住在外國的土地上，並由於衷心接受了他們在那裏正在恪守的習俗，不再記得自己的古老習慣」。

　　斐羅的侄子，猶大和埃及的猶太總督提庇留・尤利烏斯・亞歷山大（Tiberius Julius Alexander）的情形也是如此。按照約瑟夫的說法，提庇留「不遵守他祖先的習俗」(*Ant.* 20.100)。但是，提庇留在一生中，保持了與猶太同胞的友好關係，並藉與黑落德・阿格黎帕二世（Herod Agrippa II，亞基帕）和貝勒尼切（Berenice，百妮基）的密切關係，繼續參與猶太事務。更難理解的是安提約古（Antiochus）的動機，約瑟夫曾在他的《猶太戰記》(*Jewish War*) 的第七卷中講述了他的故事。「安提約古〔是〕猶太民族中的一員，因他的父親，安提約基雅的猶太總督，而備受人尊敬」(*J.W.* 7:47)。在猶太戰爭開始的時候，或許是想要自救於迫近的災難，他成為自己人民的控告者。「為了表明自己的皈依和對猶太習俗

的憎恨，他按希臘人的方式獻祭」（*J.W.* 7.50）。這不是某人
想要推進作猶太人的替代觀點的方式，而是某人想要表明，
他不再是猶太人的方式。

猶太教內部運動

在保祿的時代，的確有生來是外邦人卻加入了猶太教
的改教者，也有生來是猶太人卻摒棄了猶太教的背教者。但
這不是保祿的經驗。並非保祿「沒有意識到他正在摒棄猶太
教」（雖然他最終意識到了這一點），如桑德梅爾所相信的那
樣。[12] 認為保祿在「皈依」耶穌運動時就摒棄了猶太教的觀點，
明顯是時代錯置。平夏斯・拉皮德（Pinchas Lapide）只用了
一句話就駁斥了這個錯誤觀點，並揭示了一個赤裸裸的真理：
「保祿沒有成為基督徒，因為那個時代沒有基督徒。」[13]

一世紀的耶穌運動是一場猶太默西亞運動，而不是一個
獨立的宗教。保祿生來是猶太人，作為猶太人長大，在他「皈
依」之後也一直如此；他的宗教、倫理和文化身份沒有甚麼變
化。「他們是希伯來人？我也是。他們是以色列人？我也是。
他們是亞巴郎的苗裔？我也是」（格後十一 22）。

因此，在保祿身上談論從一個宗教到另一個宗教的轉變
是「完全不合適的」[14] 和「誤導性的」[15]。如毛羅・佩謝（Mauro
Pesce）所正確觀察到的：「保祿從未皈依……他從未使用

---

12. Samuel Sandmel, *The Genius of Paul* (New York: Farrar, Straus & Cudahy, 1958), 21.

13. Pinchas Lapide and Peter Stuhlmacher, *Paul: Rabbi and Apostle* (Minneapolis: Augsburg, 1984), 47.

希臘詞語*metanoia*或動詞*metanoein*[16]來定義他自己生命的改變……保祿不是一位背教者……保祿將改變他生命的啟示經驗，生活和解釋為內在於自己猶太經驗的事件……保祿所領受的啟示絕沒有使他的猶太身份變弱，更沒有取消它，或使之陷入危機……保祿是猶太的，一直只是猶太的。」[17]「皈依」這樣的字眼應當一勞永逸地捨棄。

　　學者們在尋找解釋保祿經驗的替代模式時，努力將其經驗和其他範疇聯繫起來。納諾斯沿著蓋格的思路（「在一個宗教傳統內部的皈依模式顯然比任何其他模式都更合適」），[18]準確地談到了一個猶太教內的選擇：「相信耶穌是默西亞，並和其他也持有這種確信的其他猶太人來往，意味著在不同的猶太群體之間做選擇；但這些選擇是在猶太教內部做的，它們並不表示離棄猶太生活方式。」[19]保祿的經驗不應被理解成基督宗教和猶太教分道揚鑣的一章，而是第二聖殿猶太教的多樣性語境中的一個事件。

召叫，而非皈依

　　今天的一些學者傾向施滕達爾的表達方式，即保祿是

---

14. Lloyd Gaston, *Paul and the Torah* (Vancouver: University of British Columbia Press, 1987), 6.

15. Gager, *Reinventing Paul*, 24.

16. *metanoia*、*metanoein*：意思是「悔改」——譯注。

17. Mauro Pesce, *Le due fasi della predicazione di Paolo. Dall'evangelizzazione alla guida delle comunità* (Bologna: Dehoniane, 1994), 13-32. 英文譯文是我翻譯的。

18. Gager, *Reinventing Paul*, 25.

19. Nanos, *Reading Paul within Judaism*, 32.

「被召叫,而非皈依」。[20] 用艾森鮑姆的話說,保祿是一位猶太人,「被天主召叫,去完成一個特別的使命,一個在希伯來先知書裏已預示的使命:將對唯一天主——以色列的天主——的認識,帶給世界萬民」[21]。

說「保祿將其皈依的本質內容理解為他對外邦人的使命」,[22] 這不只是現代學者的推論。在《迦拉達書》中,保祿自己聲稱,對外邦人的使命在他的皈依中占中心地位:「以恩寵召叫我的天主,卻決意將他的聖子啟示給我,叫我在異民中傳揚他」(迦一15-16)。按保祿的自我理解,作為外邦人宗徒的使命是他神聖的召叫(羅一1-6、十一13)。

強調保祿對外邦人的未來使命,在《宗徒大事錄》的敘事中也占了重要地位。根據《宗徒大事錄》,耶穌「在一次異像中」親自介紹保祿給阿納尼雅(亞拿尼亞),作為「我所揀選的器皿,把我的名字帶到外邦人……前」(宗九10-15)。

但是,說在保祿的生命(以及他的宗教信仰)中,沒有甚麼別的東西改變了,同樣也是誤導性的。

首先,基督宗教固然尚未以一個獨立於猶太教的宗教存在,耶穌運動卻已作為猶太教內一個獨特的群體存在;我們絕不應對這個事件的意義輕描淡寫。保祿在將自己的經驗描述為不怎麼算是(先知性的)「召叫」,而是(默示性的)「啟示」時(迦一12),他自己就曾表明這個事件的激進性。保祿

---

20. Krister Stendahl, *Paul among the Jews and Gentiles* (Minneapolis: Fortress, 1976).
21. Pamela Eisenbaum, *Paul Was Not a Christian: The Original Message of a Misunderstood Apostle* (New York: HarperOne, 2009), 3.
22. Gager, *Reinventing Paul*, 27.

沒有摒棄猶太教，而是從猶太教的一個種類轉向了猶太教的另一個種類。

今天，如果一個革新派猶太人成為一個極端正統的猶太人，或情況相反，那麼，許多人也會受到誘惑，用皈依來形容這個經驗，但這肯定不是合適的詞。相似地，保祿的皈依不是加入另一個宗教的皈依，而是在猶太教內的轉變，但它仍是一次戲劇性的經驗。它重新定位了保祿的整個生命和世界觀，改變了他對猶太教的理解。它意味著從根本上重新評估，作為猶太人意味著甚麼：「凡以前對我有利益的事，我如今為了基督，都看作是損失。不但如此，而且我將一切都看作損失，因為我只以認識我主基督耶穌為至寶；為了他，我自願損失一切，拿一切當廢物。」（斐三 7-8）

其次，保祿沒有將耶穌的信息理解成專門給外邦人的信息，而是先給猶太人，然後呈現給外邦人的同樣信息。「我是受了委託，向未受割損的人，宣傳福音，就如伯多祿被委派向受割損的人宣傳福音一樣；因為，那叫伯多祿〔彼得〕為受割損的人致力盡宗徒之職的，也叫我為外邦人致力盡宗徒之職」（迦二 7-8）。

這也是在《宗徒大事錄》中所呈現的情況。保祿在外邦人和君王面前宣講，也在以色列子民面前宣講（宗九 15）。與此一致的是，保祿皈依的敘事（先是由耶穌親自向阿納尼雅宣告，然後由大馬士革的信仰耶穌者宣告，宗九 1-19）在《宗徒大事錄》中由保祿重複了兩次：第一次在耶路撒冷（用阿拉美語）向以色列子民敘述（「諸位仁人弟兄，諸位父老」，宗廿二 1-16），然後在凱撒勒雅（凱撒利亞）向阿格黎帕二世

國王、貝勒尼切和羅馬總督斐斯托（非斯都）敘述（宗廿六 9-18）。

根據《宗徒大事錄》，保祿第一次傳教是向他的猶太人同胞：「即刻在各會堂中宣講耶穌」。沒有外邦人參加。他「使僑居在大馬士革的猶太人驚惶失措，因為他指證耶穌就是默西亞」（宗九 20-22）。

在《宗徒大事錄》的敘事和《迦拉達書》的自傳中，在保祿受召叫和他開始向外邦人傳教之間，許多年過去了。他在往大馬士革的路上所領受的啟示沒有立即讓他成為外邦人的宗徒，而是耶穌的追隨者。

第二聖殿猶太教分成很多群體。新運動的首批（猶太）成員中的許多人來自其他猶太群體，他們在這些團體中長大，或多或少密切隸屬於這些群體。在《宗徒大事錄》中，我們注意到一個傾向，即按照耶穌運動成員以前的隸屬關係來繼續辨識他們。

與希伯來人對立的希臘化者（如斯德望及其同伴），是那些來自希臘化的猶太團體的人（宗六 1-6）。一些耶穌的追隨者在所謂的耶路撒冷公議會（Council of Jerusalem）上提倡，要想得救，領洗的外邦人應當「受割損，又應該命他們遵守梅瑟法律」。《宗徒大事錄》十五 5 將持這個觀點的那些人描述為屬於「法利塞黨人」。有意思的是，保祿不算是他們中的一員，而是他們最有力的反對者中的一員（宗十五 12）。

確實，保祿在自己的書信和《宗徒大事錄》中，都稱自己是法利塞人，特別與復活教義相關。從亨利・薩克里（Henry Thackeray）[23] 開始的現代學者，強調了保祿神學中的許多「法

利塞」因素。但是，在領受了「耶穌基督的啟示」之後，保祿不再認同法利塞運動，而是認同耶穌運動。保祿並不是一個同情耶穌運動的法利塞人。他加入了這個新運動，成為其中的一個領袖。保祿一加入耶穌運動，就成了「前」法利塞人。然而，作為前法利塞人，並不意味著保祿否認法利塞人的每一個教義。尤其是，諸如末世、默西亞的來臨、死者的復活和最後審判的末世觀念，一直是他思想的核心。

作為一位前法利塞人，並沒有使保祿成為一個前猶太人。保祿沒有反對猶太教。說保祿是反猶太教的，就像說馬丁·路德（Martin Luther）是反基督宗教的。路德是反天主教的，他甚至稱教宗是反基督的。但路德不是反基督宗教的。他反對羅馬天主教，而不反對基督宗教。他沒有將新教視為代替了基督宗教，而是視為基督宗教的巔峰和真正形式。

同樣，存在和其他猶太群體的爭議，沒有使保祿成為一位前猶太人和反猶太主義的。保祿的基督宗教是猶太教的一種形式，其書信是第二聖殿猶太教文獻。保祿沒有否認猶太教；他只是反對猶太教的其他競爭形式。他沒有將耶穌運動視為取代了猶太教，而是視為猶太教的巔峰和真正形式。

保祿不是背教者和猶太教的敵人，也不是一個人格分裂的人──在這種分裂的人格內，基督宗教和猶太教的身份掙扎著堅決主張自己，反對彼此。保祿的基督宗教是保祿的猶太教──保祿對猶太教的觀念。天主可能「摒棄了自己的人民」的這個想法，從未掠過保祿的腦海（羅十一1）。保祿不

---

23. Henry St. John Thackeray, *The Relation of St. Paul to Contemporary Jewish Thought* (London: Macmillan, 1900).

是猶太教的私生子，而是和自己的兄弟姊妹爭執的一個兄弟。

結語

　　保祿從未皈依。在他的「皈依」之前，他是猶太人；在他的「皈依」之後，他也一直如此。他出生、活著和死去，都是猶太人。永遠不應給保祿貼上前猶太人或猶太人民的前成員的標籤。他對啟示的「改造性經驗」徹底改變了他的生命和他對猶太教的理解方式，[24]但這種經驗永不應被稱為皈依。保祿將他的忠誠從法利塞教派轉向耶穌運動，但沒有失去自己的任何猶太性，而是保持在第二聖殿猶太教多樣性的邊界之內。

　　在保祿的時代，耶穌追隨者的群體不是一個獨立的宗教，而是猶太默西亞運動。這確切是甚麼意思？將早期基督宗教的信息歸納為一個關於「天主的國即將到來，和耶穌是期待中的默西亞」，會過分簡單化。同樣，將保祿單純設想為一位法利塞人，未來默西亞的名字向其揭示，且相信自己正活在末世，也是過分簡單化。

　　正如戴維斯總結的，「保祿作為一位拉比猶太人，與其他拉比猶太教徒不同之處不僅在於，他認為默西亞已經來臨」[25]，他更是一位加入了「新的默示性猶太教派」[26]的法利塞人。

24. Laurie Anne Paul, *Transformative Experience* (New York: Oxford University Press, 2014).
25. 參 E. P. Sanders, *Paul and Palestinian Judaism: A Comparison of Patterns of Religion* (London: SCM, 1977), 11.

　　在成為為人所知的外邦人的宗徒之前，保祿已成為耶穌運動的一員。然後，他逐漸使自己在耶穌運動內的宗徒使命刻上一個特徵，即特別強調對外邦人的福傳。在外邦人的宗徒保祿之前，就已經有耶穌追隨者保祿。保祿對耶穌的信仰沒有減少他的猶太性，但從根本上重新定位了他對猶太教的看法。因此，對保祿的研究不能迴避以下問題：早期耶穌運動在第二聖殿猶太教的語境中關涉甚麼？像保祿這樣的猶太人，加入耶穌運動意味著甚麼？承認耶穌是默西亞，並「以耶穌基督的名字」受洗（宗二38），對像保祿這樣的「盈千累萬」（宗廿一20）的猶太人意味著甚麼？

---

26. Alan F. Segal, *Paul the Convert: The Apostolate and Apostacy of Saul the Pharisee* (New Haven: Yale University Press, 1990), 6. 儘管我認為「皈依者」和「皈依」這樣的術語不合適，我同意西格爾立場的要旨：保祿是一位在猶太教內部「皈依」到一個默示形式的猶太教的法利塞人。

第三章

默示性猶太人保祿

猶太人保祿的默示世界觀

　　學者們越來越關注保祿思想的默示性體系。用弗雷德里克森的話說，保祿生活在「一個熱衷於默示性希望的猶太世界」。[1] 保祿堅定地相信，他所在的時代就是歷史的最後時刻。保祿大多數的道德主張如果不放在迫近的末世語境裏，就沒有意義。如保祿所主張的，「時限是短促的……這世界的局面正在逝去」（格前七29-31）。他向外邦人的福傳，直接激發於他確信生活在臨近的「末世」——就是以色列復興之日，萬民歸化之時。

　　在任何時候，保祿都期待天主會終結此世（得前〔帖前〕一10、五3）。他對得撒洛尼人（帖撒羅尼迦人）重複他的確信：「我們這些活著的人」將經驗「主的來臨」（得前四15-17）。

---

1. Paula Fredriksen, *Paul the Pagans' Apostle* (New Haven: Yale University Press, 2017), xii.

對羅馬人，他重申，隨著過去的每一天，末日都更近：「你們該認清這個時期，現在已經是由睡夢中醒來的時辰了，因為我們的救恩，現今比我們當初信的時候更臨近了。黑夜深了，白日已近。」（羅十三11-12）

但是，對末日、默西亞的來臨、最後審判，以及其他與末日相關的未來事件的末世性期待，諸如以色列的復興和非猶太人的歸化，都不足以解釋保祿的默示思想的所有面向。

保祿書信多處提到超凡的邪惡力量。「此邪惡的世代」（迦一4b）的「今世的神」（格後四4）是保祿稱為「撒殫」（撒但，羅十六20）或「貝里雅耳」（彼列，格後六15）的魔鬼和墮落天使。但他的統治即將結束：「賜平安的天主就要迅速地，把撒殫踏碎在你們的腳下」（羅十六20），這個表達重現了天主對蛇的詛咒和對厄娃（夏娃）後裔的許諾（創三15）。保祿顯然將末日看作與宇宙邪惡力量的戰鬥：「再後才是結局；那時，基督將消滅一切率領者、一切掌權者和大能者，把自己的王權交於天主父。因為基督必須為王，直到把一切仇敵屈伏在他的腳下。最後被毀滅的仇敵便是死亡。」（格前十五24-26）在《羅馬書》中，他描繪了一切受造之物「都一同歎息，同受產痛」，渴望「脫離敗壞的控制」（羅八18-25）。

新約的學術研究（始於斐迪南・克利斯蒂安・鮑爾〔Ferdinand Christian Baur〕）長久以來不重視這些引文，認為它們對理解保祿更廣的神學無關緊要。諸如尤利烏斯・威爾豪森（Julius Wellhausen）等專家對默示論不屑一顧，認為它是「晚期」猶太教在神學上的墮落之一：「默示意味脫離實

際的臆想，教派的刻板，自我中心的特選主義，倫理上的消
極，以及堅守一個過時的世界觀，堅守不能且不應該復甦的
誤導性表達。」[2]

　　只有少數幾位學者，特別是羅伯特・亨利・查理斯
（Robert Henry Charles），認真對待猶太默示性世界觀（或至少
第二聖殿猶太教的一些默示性傾向）對領會基督宗教起源的關
連。[3] 認為保祿的默示性範疇值得研究[4]，或支援施魏策爾的
結論的人就更少了。施魏策爾的結論即「只要天使般的存在者
仍然擁有某種控制人的力量，在天主內（being-in-God）對保
祿來說就是不可能的……總體上說，猶太末世論（eschatology）
的觀點是世界的惡來自魔鬼……以猶太末世論最簡單的形式而
言，救贖的概念是：默西亞王國終結了這種狀況。」[5]

　　按照布爾特曼的說法，默示性範疇應被「祛魅」
（demythologized），因為這些範疇「對現代人是不可信的，人
們相信，世界的神話觀已過時了」[6]。布爾特曼想要拒絕古代
默示性信息的方式，而不是其內容，但他的立場也助長了將

---

2. 參 N. T. Wright, *The Paul Debate: Critical Question for Understanding the Apostle* (Waco, TX: Baylor University Press, 2015), 136。

3. R. H. Charles, *Religious Development between the Old and the New Testaments* (London: Williams & Norgate, 1914).

4. Otto Everling, *Die paulinische Angelologie und Dämonologie: ein biblisch-theologischer Versuch* (Göttingen: Vandenhoeck & Ruprecht, 1888); Richard Kabisch, *Die Eschatologie des Paulus in ihrer Zusammenhangen mit dem Gesamthegriff des Paulus* (Göttingen: Vandenhoeck & Ruprecht, 1893).

5. Albert Schweitzer, *The Mysticism of Paul the Apostle* (London: Adam and Charles Black; New York: Holt, 1931), 3, 55. German ed.: *Die Mystik des Apostels Paulus* (Tübingen: Mohr Siebeck, 1930).

6. Rudolf Bultmann, *Kerygma and Myth* (1953; New York: Harper and Row, 1961), 3.

猶太默示論摒棄為過時的神話世界觀的總體傾向。

　　新約學術研究對猶太默示論的陳舊偏見在桑德斯的主張
中依舊明顯。桑德斯認為，「保祿的觀點和默示論之間的相似
性是總體上的，而不是細節上的……保祿沒有……計算時間
和季節，他沒有將自己對末日的預言暗含在帶有野獸的神視
中，他也沒有遵守默示文學的任何文學慣例」[7]。

　　二十世紀七〇年代和八〇年代由克勞斯・科赫（Klaus
Koch）、瓦爾特・施米塔爾斯（Walter Schmithals）、保
羅・漢森（Paul Hanson）、克里斯多弗・羅蘭（Christopher
Rowland）和約翰・科林斯（John Collins）[8]等學者致力於對默
示論的「再發現」，恢復了這個研究領域的尊嚴，激發了新一
代的保祿專家，他們將保祿思想中的默示性因素視作其神學
的關鍵因素。

　　受這些研究的激發，興起一個詮釋學派，將「默示性的
保祿」放在反思的中心。約翰・克利斯蒂安・貝克爾（Johan
Christiaan Beker）和讓・路易・馬丁（Jean Louis Martyn）等學
者主張，保祿信息的核心是「天主對惡的力量的勝利」，[9]保

---

7. E. P. Sanders, *Paul and Palestinian Judaism: A Comparison of Patterns of Religion* (London: SCM, 1977), 542.

8. Klaus Koch, *Ratlos vor der Apokalytik* (Gütersloh: Gütersloher Verlagshaus Gerd Mohn, 1970); Walter Schmithals, *Die Apokalyptik: Einführung und Deutung* (Göttingen: Vandenhoeck & Ruprecht, 1973; Paul D. Hanson, *The Dawn of Apocalyptic: The Historical and Sociological Roots of Jewish Apocalyptic Eschatology* (Philadelphia: Augsburg, 1975); Christopher Rowland, *The Open Heaven: A Study of Apocalyptic in Judaism and Early Christianity* (London: SPCK; New York: Crossroad, 1982); John J. Collins, T*he Apocalyptic Imagination: An Introduction to the Jewish Matrix of Christianity* (New York: Crossroad, 1984).

祿思想中的救恩更是一個集體問題，而非個人問題，以及保
祿的福音首先是從惡的力量得到解放的信息：「耶穌的死……
並非以個人罪責和寬恕為方向，而是以集體奴役和解放為方
向。」[10]

　　在保祿思想中，默示世界觀不是一個可以輕易孤立和
拋開的神話配件；它是基本體系，塑造了保祿神學的所有方
面，以及保祿在其書信中探討的或與其讀者討論的每一個問
題。

　　「保祿默示觀的起源……在於這位宗徒確信，天主藉由派
遣基督和天主聖神，已經進入當前這個邪惡的時代。」[11] 保祿
分辨出三個屬天的行動者：天主、默西亞，以及為控制受造
界而爭鬥的「天主之外的超凡力量」。此世已陷於邪惡力量
的統治。基督事件是天主進入此世，恢復天主對世界以及對
控制世界的邪惡力量的統治。保祿發現自己身處兩個時代的
交叉點，這是歷史上的獨特時刻：基督事件已使邪惡力量繳
械，但尚未完全摧毀它們。儘管撒殫和邪惡力量已在耶穌死
亡和復活時受到審判，對於保祿，這些力量在當前時代還在
運作，雖是殘餘力量，卻可以傷害天主的子民，直到他們在
最後審判中被徹底毀滅為止。

9. J. Christiaan Beker, *Paul's Apocalyptic Gospel: The Coming Triumph of God*
　　(Philadelphia: Fortress, 1982); J. Louis Martyn, *Galatians*, Anchor Bible 33A (New York:
　　Doubleday, 1997)；亦參 Richard Bell, *Deliver Us from Evil: Interpreting the Redemption
　　from the Power of Satan in New Testament Theology*, WUNT 216 (Tübingen: Mohr
　　Siebeck, 2007)。

10. Martyn, *Galatians*, 101.

11. Martyn, *Galatians*, 98.

對默示性的保祿學派的研究提醒我們，不論保祿在其書信中處理的是甚麼問題，這些問題都應當在猶太默示論的二元論體系內理解。在保祿看來，個人救恩問題具有宇宙性蘊含，不能和集體維度分離。

猶太默示論中惡的起源

近來關於猶太默示論的研究已確認，許多第二聖殿猶太人的中心關注點確實是將宇宙從超凡行為者所引發的惡的權勢之下解放出來。[12] 默示論是一種複雜的世界觀：它不是對更好未來的一般期待；它首先考慮處理惡的超凡起源問題。許諾在來世出現的永久平安，被視作當前敗壞和腐朽境況的反轉，以及恢復被天使的罪惡而攪亂的宇宙原初之善。末世論並非誕生於對一個更好未來的希望，或對人類進步的樂觀；它是悲觀的創世論（protology）的產物。

我們很不幸地受後來關於原罪的基督宗教思慮的影響如此之深，以致於我們或許不願承認這個概念的第二聖殿猶太教根源，因為我們害怕將基督宗教的觀念轉回到古代猶太文獻。但是，從諸如《哈諾客一書》（1 Enoch）、《達尼爾書》（但以理書）和《禧年之書》（Jubilees）這樣的文本，我們得知在第二聖殿猶太教，對惡的起源曾有熱烈爭論。在默

---

12. Paolo Sacchi, *Jewish Apocalyptic and Its History* (Sheffield: Sheffield Academic Press, 1996); Gabriele Boccaccini, *Roots of Rabbinic Judaism: An Intellectual History, from Ezekiel to Daniel* (Grand Rapids: Eerdmans, 2002); Miryam T. Brand, *Evil Within and Without: The Source of Sin and Its Nature as Portrayed in Second Temple Literature* (Göttingen: Vandenhoeck & Ruprecht, 2013).

示性的圈子，許多人將惡的起源視為是超凡的天使力量的反叛，而不是天主意志的結果或人的過犯。

「一個主敘事（master narrative）是一個較大團體的基礎性故事……一個對立故事（counterstory）是和這個主敘事的世界觀競爭的故事；這種競爭不是透過盡力抹去這個敘事本身，而是透過對其文學之網作出顯著改變。結果是，新復原的敘事傳達了一些完全不同的東西。」[13]〈守護者之書〉的默示性「對立故事」聚焦於宇宙性反叛（墮落天使的誓言和行為）所帶來的創造秩序的崩潰。與在梅瑟妥拉「主敘事」中傳達的穩定和秩序的觀念相反，哈諾客人（the Enochians）認為，天主的秩序已不復存在，已被當前的混亂取代：「整個大地已被阿匝耳（Asael）〔自己的〕的行為所帶來的教導敗壞；要在他身上寫下所有罪惡。」（《哈諾客一書》十 8）在哈諾客詮釋中，「天主的兒子們」的反叛不單是太古的罪（人類古代史所具有的特徵）之一；它是萬罪之母，是敗壞和玷污了天主的創造的原罪；從這種反叛，惡毫不留情地繼續流出和傳佈。藉由跨越天地之間的界限，反叛的天使們摧毀了天主在創造時所設置的分界線。隨後所釋放的混沌之力迫使人成為惡的受害者，而人不是這惡發生的原因，卻無法抵抗它。

儘管有天主的反應和隨後的洪水，創造的神性秩序並沒有恢復，宇宙沒有回到原來的樣子。以彌額爾（Michael，米

---

13. Helge S. Kvanvig, "Enochic Judaism—a Judaism without the Torah and the Temple?" in Gabriele Boccaccini and Giovanni Ibba, eds., *Enoch and the Mosaic Torah: The Evidence of Jubilees* (Grand Rapids: Eerdmans, 2009), 164; cf. H. Lindemann Nelson, *Damaged Identities, Narrative Repair* (Ithaca, NY: Cornell University Press, 2001), 6-20, 150-88.

迦勒）為首的善天使擊敗了以舍米哈匝（Shemihazah）和阿匝耳（即阿匝則耳〔Azazel〕）為首的惡天使。但是，勝利導致的不是反叛者的死亡或順服，而是他們被囚禁「在杜達厄爾（Dudael）的曠野」，在那裏，墮落天使被囚在「地上岩石下面的……洞裏」（《哈諾客一書》十4-6、11-12）。巨人的有朽身體——巨人是不朽的天使與有朽的女人之間邪惡交合所產生的後裔——被殺死（《哈諾客一書》十9-10）；但他們的不朽靈魂成為邪靈活了下來，繼續在世界上遊蕩（《哈諾客一書》十五8-10）。人類因洪水大量死亡，但沒有滅絕，因為諾厄（挪亞）一家活了下來（《哈諾客一書》十1-3）。受造界被清洗，但沒有完全潔淨，因為天主用了水，而沒有用只限於在「大審判日」（the great day of judgment）使用的「火」（《哈諾客一書》十6）。天主的反應限制了惡，但沒有根除惡。不論這個想法多麼令人不安，世界仍被邪惡力量統禦。「七十代」的時間已被設定，「直到永恆的審判結束」（《哈諾客一書》十12）。

哈諾客派猶太教（Enochic Judaism）首先將「末日」的概念引入猶太教，作為超越死亡和歷史的最後審判和辯護（vindication）的時間。先知傳統中對天主不明確的干預的宣告，在哈諾客傳統中成了對一個天災性事件的期待；這個天災性事件標誌著天主的「第一個」創世的終結和「第二個」創世的開始——這是一個嶄新的世界，一個在質上不同於先前的世界，也與先前的世界不連續的世界。默示的末世論源於創世論。

哈諾客猶太教和梅瑟妥拉

　　惡的超凡起源的教義如何與個人對救恩和人的自由的尋求關聯在一起，是分析古代猶太默示論時至關重要的問題之一。這些默示論文本中沒有任何地方特別提到梅瑟妥拉中的法律文獻，這使得包括約翰·科林斯（John Collins）在內的第二聖殿專家在談論哈諾客猶太教時，將其作為猶太教的一種「非梅瑟」的形式。[14]但「非梅瑟的」（non-Mosaic）是否意思是反梅瑟的（anti-Mosaic）？關於哈諾客猶太教對妥拉的實際態度，學者們存在分歧。一方面，保祿·薩奇認為，「在哈諾客文學中……沒有提到……妥拉，這不能簡單地視為一種省略。哈諾客人從未接受梅瑟妥拉」[15]。喬治·尼克爾斯伯格（George Nickelsburg）也曾一度稱「哈諾客智慧」（Enochic Wisdom）為「梅瑟妥拉的替代形式」。[16]另一方面，桑德斯將「哈諾客智慧」視為與「盟約依法主義」相容的系統。[17]

　　誠然，哈諾客的啟示被認為先於對梅瑟的啟示，而且並未從屬於後者。然而，在哈諾客文本中，我們沒有見到任何對梅瑟妥拉有對立的證據。對妥拉最明確的引文是在〈周的默

14. John J. Collins, *The Invention of Judaism: Torah and Jewish Identity from Deuteronomy to Paul* (Oakland: University of California Press, 2017).

15. Luca Arcari, "The Book of the Watchers and Early Apocalypticism: A Conversation with Paolo Sacchi," *Henoch* 30.1 (2008): 9-79 (quot. 23).

16. George W. E. Nickelsburg, "Enochic Judaism: An Alternative to the Mosaic Torah," in *Hesed Ve-Emet:Studies in Honor of Ernest S. Frerichs*, ed. Jodi Magness and Seymour Gitin, BJS 320 (Atlanta: Scholars Press, 1998) 123-32.

17. E. P. Sanders, *Paul and Palestinian Judaism: A Comparison of Patterns of Religion* (London: SCM, 1977).

示錄〉。在那裏，妥拉被描繪為天主在第四周賜予的禮物，作為「給所有世代的法律」（《哈諾客一書》九三6），是註定永存的珍貴禮物。法律和第一聖殿列在一起，作為天主所立的限制惡的傳佈的補救方法。

哈諾客猶太教對梅瑟妥拉的問題，並非源自對法律的直接批評，而是創世論的產物。這個問題來自一個認知，即天使的反叛使人們難以在一個如今被超凡之惡的存在所擾亂的宇宙中遵守任何法律（包括梅瑟妥拉）。問題不是妥拉本身（其神性起源從未受到質疑或摒棄），而是人類在行善方面的困難，這困難影響了人與梅瑟法律的關係。關注點的首要改變不是從梅瑟到哈諾客的改變，而是從對人的責任的信任到人的罪性與罪責的戲劇性變化。梅瑟妥拉的中心是人類遵循天主法律的責任（如亞當和厄娃在伊甸園的經驗所示範的），而如今哈諾客猶太教的中心是全人類受害的範式。

但是，哈諾客經文沒有任何地方否認人的自由或使人對自己過犯的後果免責。在哈諾客傳統中，惡影響人的選擇，但「不法並非是被送到地上的，而是人自己造成的，且那些作惡的人要受大大的詛咒……所有你的不義之舉都要逐日被記下，直到審判你的那日」（《哈諾客一書》九八4-8）。墮落天使的神話的目的，是免去天主對哈諾客人所認為的邪惡和敗壞的世界的責任。這不是要否認，人負有責任。在哈諾客思想體系中，兩個衝突的概念，即人的責任與人的受害，不得不存在於絕對的決定論和同樣絕對的反決定論之間，進退維谷。接受這兩個極端中的任何一個，以及整個哈諾客體系，會陷入對天主的譴責，認為天主是冷酷無情的惡的來源，或

對無辜造物的不公正苦難的根源。

　　這就是為何將哈諾客猶太教視為一種「反對」或「不要」妥拉的猶太教形式來談論是不正確的。哈諾客猶太教不是「競爭性的智慧」，而更恰當地說，它是一種「抱怨的神學」。沒有給此世的替代的哈諾客哈拉卡（*halakhah*）[18]，沒有哈諾客潔淨法典，沒有哈諾客妥拉。救贖的所有希望都延後到末日；此世由邪惡力量統治。然而，不管多難，在審判時，人們將根據他們的行為承擔責任。哈諾客人並非在和梅瑟競爭——他們只是在抱怨。

一種默示性爭論：
〈夢的神視〉、《達尼爾書》、《禧年之書》

　　與前面的哈諾客傳統一致，〈夢的神視〉中的〈動物默示錄〉將整個歷史進程描繪為一個持續墮落的過程，這過程始於人類的開端，因天使的罪開始。人受造時是「雪白的母牛」（《哈諾客一書》八五3），但隨後「一個星星從天空墜落，設法升起，並在那些母牛中間吃草」（八六1）。魔鬼墮落之後，是天使們的大反叛：「許多星星墜落，從天空投到那第一顆星星上，成為那些小牛中間的牛，和它們一起吃草」（八六2）。結果，新的動物種類誕生了（「大象、駱駝和驢」，

---

18. 哈拉卡（*halakhah*）：其希伯來文的意思是「行走、步法」，演變為「法規」，是猶太人由聖經或傳統編輯而成的一些法律條文。哈拉卡注重實際，隨時代和環境變化而變化。哈拉卡與哈加達（*haggada*，為歷史性著作）合為米德辣市（*midrash*，米德拉什）的主要內容——譯注。

八六4）。無論是善天使的干預──他們使反叛無法進行（八七─八八），還是洪水（八九2-8），都不能將惡從地上根除。邪惡的後裔一定會出現，甚至來自聖潔的存活者。從諾厄開始（諾厄是「變成人的雪白母牛」，意即像天使一樣），「三頭母牛」誕生了，但「那三頭母牛中的一頭是雪白的，與那〔第一頭〕母牛〔閃〕相似，一頭紅得像雪〔耶斐特（雅弗）〕，一頭是黑色的〔含〕……它們開始生出田野的野獸和飛鳥。從它們生出許多〔不同的〕物種」（八九9-10）。

歷史因此見證了惡的持續擴散，人類無論如何都無法對抗惡的傳佈。無人倖免：在〈動物默示錄〉的隱喻世界裏，就連人類中最尊貴的猶太人，也攜帶了墮落的邪惡基因；到了雅各伯那一代，他們從「母牛」變成「綿羊」。在這個體系內，沒有任何可以提到梅瑟妥拉的空間。梅瑟妥拉的存在也改變不了惡的不斷傳佈。尤其在巴比倫流放後，境況萎陷；天主將自己的子民委託給「七十位牧羊人」（天使），結果他們是邪惡的，違背了他們的指定任務，導致以色列在後流放期的整個歷史在魔鬼似的影響下展開（參《哈諾客一書》八九59-70）。第二聖殿在「七十位牧羊人的領導下」重建，卻只能是一個被玷污的聖所。「他們再次開始建造，就像以前一樣；他們建起那座被稱為高塔的塔，在〔那座塔〕前面放了一張桌子，但桌上的所有麵包都被污染了，都是不潔的」（《哈諾客一書》八九73）。這種邪惡和腐朽的境況無可救藥，只能在末日隨著「新創造」的建立而終結，那時天主的干預將恢復宇宙的善。默示文學的作者在自己的時代，在「白綿羊」的反叛中，看到末日即將到來的標記。

　　哈諾客式的觀點，對猶太人視自己為盟約子民的自我理解有令人不安的影響。在〈夢的神視〉中，被揀選的以色列子民被許諾，在來世可以得到未來的救贖；但在此世，以色列和所有其他民族一樣，受惡的傳佈的影響，沒有任何神祐。

　　這個使選民在惡面前幾乎無法抵抗的觀點，在猶太教內並不普遍。許多人（像法利塞人和撒杜賽人）顯然拒絕惡的超凡起源的觀念。他們尋求其他路徑，好能挽救人的自由和天主的全能──這些路徑引向替代性的解決方案，從《厄斯德拉四書》（4 Ezra）的「邪惡的心」（*cor malignum*）到拉比的「惡念」（*yetzer hara*）。[19] 所有這些方案都有一個共同點，即努力將惡的起源臣服於天主的意志，否認魔鬼作為此世統治者的存在。甚至，在默示性的圈子，在那些贊成惡的超凡起源原則的人之中，也存在競爭的神學。

　　《達尼爾書》經常和〈夢的神視〉聯繫在一起，有時這種聯繫並不合適。這兩個文獻幾乎是同時代的，都寫作於瑪加伯起義的最初幾年，在最後的合法的匝多克（撒督）大司祭敖尼雅三世（Onias III，西元前170年）和安提約古厄丕法乃（Antiochus Epiphanes）的死亡（西元前164年）之間。兩個文獻都是默示性的；它們有同樣的文學類型（默示錄）和同樣的世界觀（默示論），以及甚至更重要的是，基本上處理同樣的問題。然而，如現在所有專家一致同意的，寫《達尼爾

19. Ishay Rosen-Zvi, *Demonic Desires: Yetzer Hara and the Problem of Evil in Late Antiquity* (Philadelphia: University of Pennsylvania Press, 2011); Matthias Henze and Gabriele Boccaccini, eds., *4 Ezra and 2 Baruch: Reconstruction after the Fall* (Leiden: Brill, 2013).

書》的寫作圈，和寫《哈諾客書》的寫作圈，並不相同。

　　像〈夢的神視〉一樣，《達尼爾書》所描繪的以色列處於流放中和天主的憤怒之下，處於善惡之間的宇宙大戰中心。但《達尼爾書》沒有譴責聖殿或以前的司祭統治階層；相反的，《達尼爾書》甚至對最後的合法匝多克大司祭敖尼雅三世表達了一些溢美之詞。兩個文本都支持瑪加伯起義，但這兩個默示文本對起義的態度截然不同。哈諾客文本更有戰鬥精神，而《達尼爾書》傾向「消極抵抗」。不出所料，它們對梅瑟妥拉的態度也是不同的。《達尼爾書》在第九章中，明確地提到了「梅瑟的法律」，將其視為惡的蔓延的原因之一；這不僅歸於超凡力量和宇宙衝突的存在，也歸於人的過犯。「在天主的僕人梅瑟的法律上，所記載的咒罵和詛咒，都傾注在我們身上了，因為我們犯罪得罪了他」（達九 11）。

　　懲罰的程度和惡的存在是以和梅瑟妥拉相容的範疇——尤其是以《肋未紀》（利未記）——來解釋和計算：「如果你們不聽從我……我要板起臉來與你們作對，你們必為仇敵擊潰……如果我用這些事還不能懲戒你們，你們仍然與我作對，我也要與你們作對，為了你們的罪惡，必要加重七倍打擊你們。」（肋廿六 14-24）根據《達尼爾書》第九章，這正是實際發生的。以色列破壞了盟約（肋廿六 15），被天主懲罰流放七十年，如耶肋米亞（耶利米）先知所宣告的；雖然如此，以色列卻沒有回歸天主，繼續和天主作對。結果，天主將懲罰加重了「七倍」，耶肋米亞所預言的「七十年」變成了「七十個星期」的年（達九 24）。

　　這種在哈諾客和達尼爾思潮之間的默示傳統內的不同態

度，在阿斯摩乃（Hasmonean）和羅馬時期至關重要，（日益）
產生了對梅瑟妥拉的不同獨特立場。

　　同時，第三個立場出現了。在西元前二世紀中期，《禧年
之書》作出回應，反對這種與天主的盟約關係的消亡，創造了
哈諾客與梅瑟之間的有效綜合。許多學者將這種綜合看作厄
色尼（艾塞尼）運動基礎中的關鍵一步。[20]

　　像哈諾客人一樣，厄色尼派是一種默示運動，也強調惡
的超凡起源，宣揚支持窮人，反對富人。[21] 他們的思想根植於
挑戰匝多克司祭職權力的異見的相同傳統。他們從未顯示過
任何對匝多克家族掌權時代的懷念，也沒有做意在恢復他們
權威的任何事情。他們以一種取代論者的狀態，甚至稱自己
是真正的「匝多克的子孫們」，只是為了表明他們（而非匝多
克家族的邪惡大司祭）是《厄則克耳》（以西結書）所提到和
預言的那些人。

　　如果《禧年之書》在整個厄色尼運動創建時，（看起來像）
是激發了一種意識形態革命的文本，而從這種革命中，產生
了厄色尼派的兩個「修會」（orders），即古木蘭團體（*yahad*）
和在《大馬士革文獻》（the Damascus Document）中描繪的「營
地」（camps），[22] 那麼，在哈諾客運動中，有個很重要的因素
是整個厄色尼運動不喜歡的，即：猶太人像其他民族一樣，
對惡的權勢無法防禦。正是因為哈諾客傳統缺乏此世的希望

---

20. See Boccaccini and Ibba, eds., *Enoch and the Mosaic Torah*; and James C. Vander-
　　Kam, *Jubilees: A Commentary* (Minneapolis: Fortress, 2018).
21. John J. Collins, *Apocalypticism in the Dead Sea Scrolls* (London: Routledge, 1997).
22. John J. Collins, *Beyond the Qumran Community: The Sectarian Movement of the
　　Dead Sea Scrolls* (Grand Rapids: Eerdmans, 2010).

和積極性，《禧年之書》才作出回應，創造了哈諾客與梅瑟之間的獨創性綜合。這種綜合不能再標上哈諾客或梅瑟的標籤，而是獨特的厄色尼派的。

厄色尼派拒斥一個觀念，即天使的罪破壞了以色列的揀選。他們主張，以色列的揀選由天主在創世時建立（《禧年之書》二21）。猶太人和外邦人之間的區分不屬於（敗壞的）人類歷史，而是屬於（未敗壞的）創世秩序。盟約的有效性並未因天使的墮落而減少。惡靈的權勢是有限的，諾厄的兒子們被賜予一種「藥物」，可以保護他們躲避惡（《禧年之書》十10-14）。這不是說，以色列子民在一個如今被惡統馭的世界就完全安全了。他們只要保持將自己與其他民族分開的界限，就是安全的。遵守正確哈拉卡的問題，對保存以色列子民的聖潔是最重要的。

出於這個關注，厄色尼派越來越懷疑梅瑟妥拉的有效性。他們相信，梅瑟的哈拉卡是「不完全的」。完全的妥拉只寫在天上的石版上，在梅瑟妥拉中只部分揭示。梅瑟像其他中保（諸如哈諾客及其繼任者）一樣，對天上的石版只瞥見了一眼。在這方面，如科林斯所主張的，「《禧年之書》從清晰的梅瑟的角度，帶著明確的哈拉卡方面的興趣，重述了《創世紀》的故事」[23]，與哈諾客傳統形成了鮮明對比。梅瑟與哈諾客傳統的融合建立了一個空間，在這個空間內，以色列子民現在可以生活在一個替代性哈拉卡的界限之下，得到保護，不受世界之惡的侵襲。厄色尼主義（Essenism，艾塞尼主義）

23. John J. Collins, "How Distinctive Was Enochic Judaism?," *Meghillot: Studies in the Dead Sea Scrolls V-VI* (2007): 17-34.

現在不再是「抱怨的神學」，而是提供了對天上的法律及其詮釋的競爭性觀點。

從《禧年之書》發源的運動雖然重申了哈諾客傳統中惡的超凡起源的概念，卻選了一個不同於哈諾客傳統的路徑，一個在一些教派文本中危險地傾向先定論（predeterminism）的路徑。[24]厄色尼運動和哈諾客猶太教的分道揚鑣，由獨立於厄色尼運動的哈諾客文學的自主發展（〈哈諾客書信〉和〈哈諾客寓言集〉），得到了證實。[25]

與我們在《禧年之書》、《哈拉卡書信》（the Halakhic Letter），或《社團規章》（the Community Rule）中所見到的相反，哈諾客猶太人從不會發展出替代性的哈拉卡，從不會質疑梅瑟妥拉的合法性。他們一直關注的，是人因惡的傳佈的後果而在遵守妥拉上的困難。哈諾客猶太教生來就是，且一直會是「抱怨的神學」。

總結一下：在西元前後，有證據表明，我們至少有三個不同的默示性回應。它們都共有惡的超凡起源的觀念，但每一個都有與梅瑟妥拉略微不同的關係。

一、哈諾客路徑忽視梅瑟妥拉，不是因為其反對梅瑟妥拉，而是因為其關注點完全在人（猶太人和外邦人）遵守妥拉的困難上。

二、厄色尼路徑創造了一個替代性哈拉卡，作為猶太人

24. Armin Lange, *Weisheit und Prädestination: Weisheitliche Urordnung und Prädestination in der Textfunden von Qumran* (Leiden: Brill, 1995).
25. Gabriele Boccaccini, *Beyond the Essene Hypothesis: The Parting of the Ways between Qumran and Enochic Judaism* (Grand Rapids: Eerdmans, 1998).

對抗邪惡世界的唯一有效保護，並譴責非猶太人只能無望地任由邪惡力量擺佈。

三、最後，達尼爾路徑似乎提供了在默示性和盟約性要素與梅瑟妥拉的更大作用之間的和睦關係的可能性。

作為法利塞人，保祿有很強的末世期待。他會同意《達尼爾書》關於末日、死者的復活，以及最後審判的預言，但他也會堅定拒絕猶太默示論的宇宙二元論。藉由參加耶穌運動，他在第二聖殿猶太教內作出了一個決定性和不妥協的戰場選擇。他將自己約束在一個概念體系內（即惡的超凡起源的默示概念），這個概念體系雖容易變化，卻迫使他的反思保持在精確的邊界之內，並將他與法利塞傳統分離。

將保祿思想中的默示成分視為一種無意義的文化遺跡，取巧地將其置之一旁，不予理會或忽視，而不改變保祿思想的總體結構，促生了一種對保祿的人格分裂似的理解。這人為地將保祿對罪的權勢的沉思，從其原初的第二聖殿猶太教背景中分離，也從早期耶穌運動內部的常見對話中分離。這些默示成分是保祿思想的前提和中心。所有其他成分，無論是個人的還是集體的，都服從於保祿關於惡的超凡起源的核心默示性觀念；這些成分包括個人救恩的問題，對非猶太人的包容，以及梅瑟妥拉的意義。

結語

在外邦人的宗徒保祿之前，我們先有耶穌的追隨者保祿。保祿由於在去大馬士革的路上所經驗的啟示，沒有摒棄

猶太教，而是完全接受了耶穌早期追隨者的猶太默示世界觀；這種世界觀以惡的超凡起源的觀念、宇宙的敗壞和對末日的期待為中心。法利塞猶太人保祿成為了默示性猶太人保祿。不論他在自己的書信中傳達了甚麼信息，這信息都不能和原先塑造它的宇宙和二元論語境分離。

　　使問題更複雜的是，耶穌運動不僅是猶太默示運動，也是猶太默西亞運動。保祿支持默示性猶太教的一種形式，在這種形式中，關於宇宙敗壞的古代觀念以及對末日的期待，已經和關於天主默西亞（God's messiah）的顯現的思考融合在一起。耶穌的早期追隨者主張，默西亞已經來臨，且他的來臨與善惡之間的宇宙大戰有關。末日是天主默西亞和這個時代的統治者撒殫之間的最後對決之時。不能正確理解默示論和默西亞主義（messianism，彌賽亞主義）之間的相遇，就不可能正確理解保祿的思想。

第四章

默西亞猶太人保祿

古代猶太默西亞主義的軌跡：
從歷史的到末世論的

　　在猶太教和基督宗教傳統中，「默西亞觀念」是如此根深柢固，以致於難以想像它尚未以我們所熟知的形式呈現的時候。對今日的猶太人和基督徒而言，默西亞觀念與末日和新創造的觀念密切相關，但這些觀念是在猶太宗教發展的相對後期階段才出現的。一開始，默西亞觀念在以色列僅有歷史上的意義，而非末世上的意義，並衍生出對政治和宗教領袖的盼望。在古代以色列，就連對默西亞的期望是以期待一個充滿奇蹟的、享有和平與安慰的未來形式出現時，對默西亞的期待也一直「相對克制，人們要的只是一個未來的君王」。受埃及王權觀念的影響，默西亞被賦予了超凡特徵，以及作為天主「愛子」的，與天主的特別父母－子女關係。[1] 古代以色列的默西亞，起初是君王，然後是在第二聖殿期間獲得君王地位和職能的司祭。傅油是由天主委任給他們的使命的標

記。默西亞的職能也可以以隱喻的方式賦予非猶太人，比如
居魯士王的著名例子——第二依撒意亞（第二以賽亞）將居
魯士王視作將以色列從巴比倫軛下解放出來的默西亞，並為
此慶祝（依〔賽〕四五1-7）。

在約瑟夫的著作中，從皇家默西亞主義（royal messianism）
的舊形式到新形式的轉變顯而易見。約瑟夫像古代以色列先知
一樣，宣揚羅馬皇帝維斯帕西安（Vespasian）是新的默西亞。
「我在此向你宣告一個更光明的未來……你，維斯帕西安，
你和你的兒子將是皇帝和凱撒……你，凱撒，你不僅是我的
主，也是大地、海洋和整個人類的主人」（*J.W.* 3.400-402）。
由於這個「預言」，約瑟夫得以從敗軍之將的處境下保住性
命，還為自己贏得一個可敬的名字（弗萊維厄斯），以及
作為皇帝的朋友而受人尊敬的未來。[2] 約瑟夫的「預言」將
在羅馬帝國的歷史上留下印記。羅馬歷史學家蘇埃托尼烏
斯（Suetonius）敘述道：

整個東方相信一個古老不變的信仰：藉由命運之神的命
令，彼時來自猶大的那個人將取得宇宙主權。猶太人相信一個
預測；這個預言，如後來的事件所表明的，牽涉在猶大的一位
羅馬皇帝……當〔維斯帕西安〕在加爾默耳（迦密）求問神諭
時，命運之神安慰鼓勵他，向他許諾，他可以是他所想到和沉

1. Adela Yarbro Collins and John J. Collins, *King and Messiah as Son of God: Divine, Human, and Angelic Messianic Figures in Biblical and Related Literature* (Grand Rapids: Eerdmans, 2008), 15.
2. Pierre Vidal-Naquet, *Flavius Josephe; ou, Du bon usage de la trahison* (Paris: Minuit, 1977).

思的任何事物（不論多偉大）。約瑟夫那時是一位皇家囚犯，身陷囹圄。他極力堅持，聲稱：維斯帕西安一旦成為皇帝，他很快就會被〔維斯帕西安〕釋放。（《維斯帕西安生平》〔*Vita Vespasiani* 4.5; 5.6〕）

　　但是，「先知」約瑟夫也知曉另一種默西亞。在他看來，對維斯帕西安的宣誓效忠只是權宜之計；並未排除未來的希望，即將有另一個更強大的默西亞興起，救贖以色列，將以色列子民從外國統治的軛下解放出來。約瑟夫敘述了達尼爾對一尊大立像的神視，這尊大立像由金的頭、銀的肩膀和臂，銅的腹和股，鐵的脛和腳構成。約瑟夫比經文更極力強調關於從山上碎裂的「石頭」。石頭「跌落到立像上，碰倒了它，將其完全粉碎，沒有留下任何完整的一塊。如此，金、銀、銅、鐵細如糠秕，當風猛吹時，它們就被風吹走四散。但那塊石頭卻變大許多，整個大地似乎都被它充滿了」（*Ant.* 10.207；參達二31-35）。

　　約瑟夫知道，他進入了一個地雷區——帝國的改朝換代是非常微妙的主題，猶太人和羅馬人對此同樣敏感。他不得不很小心，避免明確提及末世期待，這些期待可能會與熱誠派的基要主義，以及熱誠派對他的羅馬贊助人的身份和權威的批評相似。於是，他將自己的討論隱藏在微妙暗示的思路中。如大多數現代注釋者所認可的，達尼爾的四個王國按順序本來是：巴比倫、瑪待（米底亞）、波斯，以及最後的希臘。[3] 在約瑟夫的頭腦中有不同的順序，這在他附加在原文

3. John J. Collins, *Daniel: A Commentary* (Minneapolis: Fortress, 1993).

上的解釋性注釋裏清晰可見。我們得知，第一個王國是「巴比倫」，這個王國「將逐漸被兩個君王終結」（約瑟夫將瑪待和波斯合成了第二個帝國）。第二個帝國轉而「會被另一個從西而來的君王毀滅」（此處很清楚地暗指亞歷山大大帝〔參加上一1-9〕，明確排除了第三個帝國可能是波斯帝國的解釋）。最後，統治了很長時間的是第四個帝國，它具有羅馬帝國所有的勢力和力量的特徵，但沒有明確揭示其身份（*Ant.* 10.208-209）。

　　約瑟夫陷在愛國的自尊心與政治現實之間的困境裏，講的是一種編碼語言；他知道，只有他的猶太讀者才能理解這種語言。他想要傳達希望，而不必造成危險的幻想；想要培養民族自尊心，而不必警戒和冒犯羅馬人。這解釋了他為何完全沒有提到內在於第四個帝國「混合」本質中的「虛弱」；這種「虛弱」在達尼爾的神視中是一個重要因素，而在約瑟夫的著作中，取而代之的是（帶有讚美和威脅地）提到其「比金、銀或銅更硬的……鐵的本質」的優越性（*Ant.* 10.209）。對於「石頭」——在《達尼爾書》中，「石頭」象徵「一個永不滅亡的國家，她的王權也決不歸於其他民族」（達二44）——約瑟夫卻保持沉默，躲在舒適的、有些便利的自我審查背後。「達尼爾也向君王揭示了石頭的意義，但我認為敘述這個是不適當的，因為我要寫的是過去的、已做過的事，而不是將來的事。但如果有人那麼渴望得到精確的信息，不會不更詳盡地查究，而是希望知道將要來臨的隱藏的事，那麼，就讓他不辭勞苦，去讀一讀他可以在神聖的著作中找到的《達尼爾書》」（*Ant.* 10.210）。

這個評論似乎標誌著討論的結束，但實際沒有。約瑟夫後來告訴讀者，達尼爾關於「石頭」的預言尚未實現，而是屬於未來。約瑟夫重申，達尼爾「不僅像其他先知一樣預告了將來的事情，也標出了事情會發生的時間」。除此之外，約瑟夫補充說：「其他先知預告災難……達尼爾是一位預告幸福事件的先知」（*Ant.* 10.267-268）。我們因此得知，「石頭」的預言不僅指向一個要在某一非特定時間實現的未來事件，而且指向一個將會帶給以色列「歡樂」的事件。約瑟夫在幾頁之後，在結束他對達尼爾這個人物的描述時告訴讀者，彷彿每個人都知道一樣，這位先知「也寫到羅馬帝國，寫到耶路撒冷將被他們佔領，聖殿將（被他們）毀滅」（*Ant.* 10.276），但沒有告訴我們，這一切是如何以及何時發生。當讀者將所有這些因素都放在一起，就不難完全理解約瑟夫對達尼爾的解釋的所有政治涵義。「四個王國」的改朝換代包括羅馬人，他們將是所有統治者中最有力的，「將統治很久」，但不是永遠。「石頭」——約瑟夫將其看作永恆王國的默西亞君王的最卓越象徵——因此不會是指維斯帕西安。維斯帕西安的確是一位「默西亞」，但在他身上，猶太人對默西亞的期待沒有完全實現。

第二聖殿時期的末世默西亞主義

到西元前後，幾個猶太圈子已經超越了對人作為默西亞的期待，接受了（其時高度爭議的）末日和新創造的開始的觀念。阿斯摩乃王朝的瓦解和羅馬統治的開始助長了一個觀

念,即以色列的復興註定不會在此世發生,而是在來世。[4]

但是,這不是一個直線發展過程的結果。第二聖殿時期的猶太社會一直分裂成以許多不同神學為特徵的許多群體。這種複雜性也反映在存在多樣的對默西亞的期待。甚至在那些維持對末世默西亞主義期待的人中間,也有對末世默西亞的身份、本性和職能的不同見解。不同的神學產生了不同形式的末世默西亞主義。這些差異是競爭性和排斥性的,且無法追溯到一個單一體系。[5]

鑒於其在末日的特殊角色,末世默西亞被想像成比任何歷史上的默西亞都更強大。現存的文獻使我們可以重建兩個主要模型,分別由「達味之子」(大衛之子)和「人子」這樣的術語來定義。

「達味之子」默西亞

原始拉比傳統視惡為人的過犯的結果,期待一個末世的未來,那時天主會復興祂的王國,以色列將不再受外族統治的「懲罰」,在一個義王領導下,重新獲得主權。默西亞君王是達味之子,天主曾對達味王朝的後裔許諾了永恆的權能。

這些觀念在西元前一世紀,第一次在所謂的《撒羅滿聖詠》(所羅門詩篇)中,得到了最充分的表達,並反映在古木

---

4. John J. Collins, "Il messia Figlio di Davide nel giudaismo del Secondo Tempio allaluce dei manoscritti di Qumran," in *Il messia tra memoria e attesa,* ed. Gabriele Boccaccini (Brescia: Morcelliana, 2005), 49-67.

5. Jacob Neusner et al., eds., *Judaisms and Their Messiahs at the Turn of the Christian Era* (Cambridge: Cambridge University Press, 1987).

蘭的「天主子」文本中。[6] 達味之子默西亞的首要任務是救贖
以色列。「上主，哦，天主！請為他們興起他們的君王，達
味之子，好在你所知之時，統治你的僕人以色列。賦予他力
量，去毀滅不義的統治者，清洗萬國將之踐踏至毀滅的耶路
撒冷」（撒羅滿聖詠十七21-22）。達味之子是強大的統治者，
天主賦予他非凡的使命，但他是作為人的默西亞，像他的祖
先達味一樣，是「受傅者」──達味在少年時曾受傅於撒慕
爾（撒母耳，撒上十六1-13）。《撒羅滿聖詠》第十七篇的開
始、高潮和結束，都是對天主的至上和永恆敬拜的頌揚；天
主是「我們的君王」（撒羅滿聖詠 十七1、46），是「他〔即
默西亞〕的君王」（撒羅滿聖詠十七34）。默西亞是以色列的
領袖和救主，是以色列子民的英明統治者（撒羅滿聖詠十七
26），但他不是個人的救主。如果是這樣，天主會令人費解地
重複祂在西乃山所做的一切。個人的正義（包括默西亞）在於
他們對「天主所吩咐的令我們存活的法律」的服從（撒羅滿聖
詠十四3）；對這法律，默西亞將嚴格執行。「他將是由天主
教導的正義的君王，統治他們。在他的日子裏，在他們中不
會有不義，因為一切都是聖潔的，他們的君王應是上主默西
亞」（撒羅滿聖詠十七32）。

　　因此，與妥拉的中心性相比，默西亞被限制在邊緣的角
色上；妥拉是救恩的唯一和獨有的方式，天主出於自己的公
義和仁慈，已將其賜給自由和負責任的人類，好讓他們能學
習，如何按照天主的意志將自己的行為變成善行。唯有天主

---

6. Yarbro Collins and Collins, *King and Messiah*, 48-74.

是審判者。「我們的行為是我們選擇的結果，也是我們的靈魂藉我們雙手的行為做正確和錯誤之事的能力。在你的正義中，你監管人類。做正確之事的人，靠上主挽救了自己的生命；做錯誤之事的人，使自己的生命遭受毀滅」（撒羅滿聖詠九4）。

皇家默西亞主義和法律的中心性是兩個關鍵觀念，第二聖殿時期對原始拉比傳統的整個默西亞反思，以這兩個觀念為核心發展起來。一世紀末，《達尼爾書》的四個王國的教義與默西亞君王的觀念之間的聯繫完成了。和約瑟夫一樣，《巴路克二書》（2 Baruch）將羅馬的特徵賦予第四個王國，這個王國沒有任何弱點。「他的統治比他之前的那些王國更嚴厲，更糟糕，而且，他要統治許多次」（巴路克二書三九5）。《達尼爾書》中的「石頭」（或「人子」）失去了它原初的象徵性或天使性特徵；它現在是默西亞君王，末世的受傅者。

> 將來必會發生的是，當〔第四王國〕成就的時間臨近，這國將滅亡；那時，我的受傅者的統治……將會被揭示……那時殘存的最後統治者將被綁縛，整個軍隊也將被摧毀。他們將他帶到熙雍山，我的受傅者將為他所有的惡行定罪……之後殺死他，保護我餘下的子民，讓他們住在我所揀選的地方。我的受傅者的統治將永遠長存，直至這敗壞的世界終結，直至前面提到的所有時候都已成就。（巴路克二書三九7—四十3）

同樣的因素可在後來的塔爾古木‧尼奧菲提（Targum Neofiti）中找到。[7] 在「希臘」之後來臨的第四個王國明顯

是羅馬，「厄東（以東），將滅亡和不再興起的邪惡〔的王國
〕」（Tg. Neof. 創十五12；參Tg. Neof. 申三二24）。第四個王
國的毀滅將出於默西亞君王之手。「從雅各伯家將興起一位君
王。他將毀滅那些因罪惡的城市——即羅馬——而有罪的人」
（〔Tg. Neof.〕Frg. Tg. 戶廿四19〕。這位君王是來自猶大家的
達味裔的默西亞，是一位不可戰勝的勇士，報復起來非常無
情，但也是一位正義的君王，一個平安繁榮的王國的統治者。

> 從猶大家……將興起這位君王，至高無上的王權屬於他，
> 所有王國都臣服於他。從猶大的兒女中興起的默西亞君王何等
> 美麗！他將裝備起來，和他的敵人作戰，殺死眾君王和王子。
> 他要用被殺死的人的血染紅山巒，用他們戰士的脂肪漂白丘
> 陵……默西亞君王的眼睛何等美麗，比純酒更美！他不用它們
> 去看無辜者的赤裸或無辜之血的流淌。他的牙齒比牛奶還白，
> 因為他不用它們吃暴力和劫掠的出產。山嶽將因葡萄園和葡萄
> 酒作坊而變紅，丘陵將因豐裕的小麥和小牲畜群而變白。（Tg.
> Neof. 創四九10-12）

　　同樣有趣的是注意這些關於達味之子的文本說了甚麼，
以及沒有說甚麼。它們確實說了，默西亞君王是以色列的集
體救贖的主角；但默西亞在個人救恩中不起作用；個人救
恩完全由法律支配，法律的中心性，隨著對結束羅馬統治的
希望落空而增加。妥拉是救恩的唯一希望；它是默西亞來

---

7. 參 Miguel Pérez Fernández, *Tradiciones mesiánicas en el Targum Palestinense*
　　(Valencia: Institución San Jerónimo, 1981).

臨的信仰賴以發展的基礎，是希望之上的希望（*spes contra spem*），甚至是在最艱難的時候。所有可供選擇的方案（包括默西亞立即來臨的希望）一個接一個地失敗，悖論地服務於某個思潮的目的；這個思潮從一開始就將妥拉視為以色列生命的中心，如今可以勝利宣告，妥拉作為絕望之時唯一存留的希望，是獨一無二的。這是《巴路克二書》在聖殿被毀之後所說的：「以色列的牧者們消亡了，曾發光的燈盞熄滅了，他們過去喝水的泉源不再有水流……但牧者、燈盞和泉源來自法律（the Law）；當它們消失，法律仍將存留……熙雍已從我們手裏被奪走，我們一無所有，除了大能者和祂的法律……只有來自唯一者的唯一法律，所有那些存在的人只有一個世界和一個結局。」（巴路克二書七七 13、15；八五 3、14）

　　這解釋了米市納（米示拿）傳統（the Mishnaic tradition）在歡迎對默西亞的期待時的審慎。米市納傳統肯定同意這些期待（參 m. Ber. 一 5），但它主要關注的是使任何末世希望都服從妥拉的中心性。「任何接受法律之軛的人，都免於國家之軛，免於世界之軛。但不接受法律之軛的人，要臣服於國家和世界之軛」（m. Abot 三 5）。只有在這樣一個概念體系的界限內，並有清晰的限制（以「考驗」的狀態，並服從妥拉），「默西亞君王」這個人物才出現，並在拉比猶太教中成為標範化的存在。

「人子」默西亞

　　在廣大的默示運動的群星中（尤其是在哈諾客傳統內），

救恩的問題因對惡的超凡起源的教義信仰而複雜化了。[8] 需要的不僅是從列邦那裏得到解放（以色列因自己的罪惡而臣服於列邦），而且也是從統治此世的邪惡力量得到解放。對天上的默西亞的需求源自於：不僅要抗爭此世的統治者，也要抗爭撒殫及其天上的隊伍，他們是此世的主中之主。既然地上的惡的載體來自天上，沒有凡人能征服他們，那麼，隨之而來的，就是默西亞也應來自天上，且要比他的對手更強。[9]

在〈哈諾客寓言集〉（成書於西元前一世紀晚期）中，「人子」——達尼爾神視中的總領天使彌額爾——成為一種不同的天上形象，一位將在末日顯示自身的審判者。[10] 然後，他將「坐在榮耀的寶座上，以萬靈之主的名義，審判阿匝則耳及其追隨者和軍隊」（哈諾客一書五五4）。人子受造於第一次創世的開始，在天使的軍隊之前，是先在的、超凡的存在，註定了要一直「隱藏」，直到自己光榮地顯現。

那時，人子在萬靈之主，在「先於時間者」（the Before-Time）面前，被賜給了一個名字。甚至在太陽和月亮受造之前，在星辰〔即天使〕受造之前，他就在萬靈之主面前被賜給

8. Gabriele Boccaccini, *Roots of Rabbinic Judaism: An Intellectual History, from Ezekiel to Daniel* (Grand Rapids: Eerdmans, 2002).

9. Paolo Sacchi, "Messianism," chapter 14 of *The History of the Second Temple Period* (Sheffield: Academic Press, 2000), 380-408.

10. 參Sabino Chialà, *Libro delle Parabole di Enoc* (Brescia: Paideia, 1997); Gabriele Boccaccini, ed., *Enoch and the Messiah Son of Man: Revisiting the Book of Parables* (Grand Rapids: Eerdmans, 2007); George W. E. Nickelsburg and James C. VanderKam, *1 Enoch 2: Book of Parables, Book of the Luminaries* (Minneapolis: Fortress, 2012)。

了一個名字。他將成為義者的杖,好讓他們能夠依靠他,不致跌倒。他將是外邦人的光,他將成為那些心靈病弱者的希望……他在世界受造以先,在〔萬靈之主〕面前被隱藏,直到永恆。(哈諾客一書四八2-6)

因此,有「兩種天上的力量」[11];〈哈諾客寓言集〉就是這樣解釋達尼爾神視中神秘地提到的「寶座」的(達七9)。人子不必臣服於神聖的公義;他就是審判的發出者,在最高者右邊的「坐在榮耀的寶座上」的審判者(哈諾客一書六九29),如此,他像天主一樣,值得尊崇、榮耀和敬拜。神性的特徵和職能賦予了默西亞這個形象,這些特徵和職能如此顯著,以致於默西亞的權威和至上天主的權威混合在一起,默西亞也成了天上及地上敬禮的對象。「所有居住在地上的,應伏地在他面前敬拜;他們應光榮、讚頌和歌詠萬靈之主的名字」(哈諾客一書四八5)。但在〈哈諾客寓言集〉中,仍有天主和人子之間的清晰區別,前者是造物主,後者是受造者。

耶穌是怎樣的默西亞?

學者們努力重建歷史上的耶穌的默西亞信息,但要洞察他的默西亞自我意識,幾乎是不可能的。耶穌沒有留下著作,也沒有任何關於其宣講的同時代報告;我們必須要依賴他的追隨者的事後見證。然而,我們對歷史上的耶穌所知的

---

11. Alan F. Segal, *Two Powers in Heaven: Early Rabbinic Reports about Christianity and Gnosticism* (Leiden: Brill, 1977).

任何事情，「他生命的已知事件，即〔他的〕活動起源於洗者若翰（施洗約翰）的默示運動，以及在他死後，由他的追隨者發起的默示運動，都說明耶穌以默示性語言來理解自己和自己的使命」[12]。

　　耶穌的許多話語表明了，這位來自納匝肋（拿撒勒）的教師所具有的清晰的先知性自我意識。其中一些話語被認為也許是歷史上的耶穌的教導最真正的表達，比如當他向家鄉表達自己的失望（「先知除了在自己的本鄉、本族和本家外，是沒有不受尊敬的」，谷〔可〕六4），或他對耶路撒冷的預知性哀悼（「耶路撒冷！耶路撒冷！你常殘殺先知，用石頭砸死那些派遣到你這裏來的人」〔瑪〔太〕廿三37、路十三34〕）。但無疑，基督宗教傳統的傾向（或許早自耶穌時代起）是從一開始就認為這位來自納匝肋的教師和先知與天主父有一種非常特殊的關係，以及超凡的特徵和職能。在耶穌領洗和顯聖容的敘事中，有聲音從天上宣告：「你是我的愛子，我因你而喜悅」（谷一11；參九7）。那些將耶穌視為「先知中的一位」，或再生的洗者若翰或厄里亞（以利亞）的人，與伯多祿及其宣信形成對比：「你是默西亞」（谷八28-29）。本質上，對於其第一批追隨者，耶穌不僅是一位正義的先知；他是正義者本身，而且，作為末世默西亞，他不只是天主的一個兒子，而是天主的愛子。

　　相對來講，耶穌沒有明確的默西亞主張，這並不令人驚奇。在第二聖殿猶太教的多元世界裏，「默西亞」（*messiah*）

---

12. Collins, *King and Messiah*, 171.

這個詞極度模稜兩可。對於一世紀任何覬覦默西亞之稱的人來說，首要的需求和挑戰是澄清其默西亞主張的特徵。然後，甚至更相關的是，歸於耶穌的僅有將其與哈諾客的人子聯繫在一起的一些話語。耶穌提到達味之子默西亞的唯一情形，是他完全否認這個概念。對「那些說默西亞是達味之子的〔法利塞〕經師」，耶穌抗辯說，這不可能，因為「達味自己既稱他為主，他怎麼又是達味之子呢？」（谷十二35-37）耶穌所指的默西亞觀念是哈諾客傳統對人子的信念，即一個先在的天上形象，其名字從創世之時就被「隱藏」，一直到末日。在末日，人子會揭示自己為審判者，「在他父的光榮中，同諸聖天使降來」（谷八38）。隨著人子的到來，此世的「強人」的權勢將終結，因為「有個比他強壯的」已經來臨（路十一22），有權力將他捆綁，「搶劫他的財產」[13]（谷三27）。耶穌在大司祭面前所受的有罪的「褻瀆」指控，不是一個沒有權力的囚犯在宣稱自己是默西亞（這種宣稱是可憐或可笑之事），也不是一個具有完全神性身份者的聲明（這在大司祭的問題和耶穌的回答中都沒有暗示）。耶穌在面臨其默西亞身份的問題時——默西亞身份對所有的猶太人意味著與天父的特別子代關係（「你是默西亞，那應受讚頌者的兒子嗎？」）——聲稱自己擁有超凡的、屬天的身份：「我是，並且你們要看見人子，坐在大能者的右邊，乘著天上的雲彩降來。」（谷十四61-62）

13.「財產」：按作者原文 property。思高聖經作「家具」——譯注。

結語

　　一個基本的分界線將耶穌的追隨者與共有相似末世論期待的其他第二聖殿猶太團體分別開來。耶穌的門徒們相信，默西亞（新郎）已經來臨；而「若翰的門徒和法利塞人」相信，默西亞將要到來（谷二18-20、瑪九14-15、路五33-35）。但是，如戴維斯所總結的，說默西亞的身份是唯一的或主要的問題，就太簡單化了。[14] 第二聖殿猶太人對末世默西亞有不同的觀念，而不同的默西亞期待以不同的神學世界觀為框架。

　　耶穌的早期追隨者的主張不僅包括默西亞已經來臨的信念，更主要包括接受了默西亞為何在末日之前來臨，以及人們期待他完成甚麼。

　　當對觀福音的傳統形成時，耶穌的早期追隨者已發展了一種不同的觀點：耶穌來不是只為了揭示默西亞的名字和身份，以及宣告末日近了——一位先知足以完成這樣的任務。從他們的觀點看，這是洗者若翰已完成的使命。但耶穌比洗者若翰更大。他們以默示性概念來理解耶穌。他是人子，是末日的最後審判者和惡的摧毀者。

　　他們沒有聲稱，耶穌的第一次來臨意味邪惡力量的最後毀滅。人子耶穌對邪靈有權柄，但尚未毀滅他們。當不潔之

14.「William D. Davies, *Paul and Rabbinic Judaism: Some Rabbinic Elements in Pauline Theology* (London: SPCK, 1948)；亦參 Brad H. Young, *Paul the Jewish Theologian: A Pharisee among Christians, Jews, and Gentiles* (Peabody, MA: Hendrickson, 1998)。

靈呼喊：「納匝肋人耶穌！我們與你有甚麼相干？你竟來毀滅我們！我知道你是誰，你是天主的聖者」，耶穌斥責了他（谷一23-25）。這還不是最後審判的時候，那時人子將把罪人投入「到那給魔鬼和他的使者預備的永火裏」（瑪廿五41）。

那麼，為甚麼審判者在末日之前，在天主指定他主持的最後審判之前，就已來臨？耶穌的早期追隨者們對此有一個清楚的回答。在復興天主的國的過程中，默西亞耶穌完成了一個明確的使命。他來，是作為「在地上有權柄赦罪」的「人子」（谷二10、瑪九6、路五24）。

第五章

寬恕的末世之恩

哈諾客傳統中的罪的寬恕

談論默示性傳統中（尤其是其中的哈諾客思潮）的罪的寬恕問題，貌似悖論。哈諾客「抱怨神學」的中心，明顯的是天主對罪的寬恕的絕對否定。尼克爾斯伯格在其注釋的引言中，僅用了簡短的一段文字探討他所形容的《哈諾客一書》中的次要問題，並將對這個主題缺乏興趣的原因歸於「義人與罪人之間黑白分明的區分」。[1]

研究猶太默示性傳統和基督宗教起源之間的關聯時，寬恕這個主題有重要的派生影響。想要在哈諾客傳統的書卷和早期耶穌運動的著作之間建立緊密聯繫和連續性，主要的障礙之一是：前者沒有任何地方提到天主的寬恕；而在後者中，罪的寬恕的觀念佔據了中心位置。寬恕的耶穌和不寬恕的哈諾客有何關聯？

---

1. George W. E. Nickelsburg, *1 Enoch 1*, Hermeneia (Minneapolis: Fortress, 2001), 54.

　　初看起來，對《哈諾客一書》的解讀似乎肯定了尼克爾斯伯格的結論。《哈諾客一書》明顯缺少悔罪和寬恕的信息。哈諾客被天主揀選，不是作為寬恕的宣講人，而是作為不寬恕的使者，去向墮落的天使們宣告「對他們沒有寬恕」（哈諾客一書十二）。充滿同情心的哈諾客同意為墮落的天使們轉求——「為他們擬定了祈求，好讓他們得到寬恕，並在天主面前讀了他們的祈求」（十三4-5）——卻只受到天主的教訓。哈諾客不得不回報墮落的天使，說他們的祈求「不會被接受」。天主最後的話沒有留下任何有望寬恕的餘地：「你對他們說：『你們沒有平安』。」（十六4）

　　天使的罪不能被寬恕——這個信息響亮又清晰，屬於哈諾客猶太教的生成性觀念。倘若天使能被寬恕，整個哈諾客體系將會崩塌。這個世界之所以邪惡，正是因為天使的罪無法寬恕；在末日尚未建立新的創造之前，宇宙原初的善無法復原。後期的哈諾客文本〈夢的神視〉和〈哈諾客書信〉，清晰地區分了義人和罪人，沒有提到罪的寬恕。在〈動物默示錄〉中，有睜開眼的白羊，但沒有黑羊變白。在〈哈諾客書信〉中，義人和罪人之間的對立變成了富人與窮人、壓迫者與受壓迫者，以及有產者與無產者之間的社會衝突。[2]

　　《哈諾客書》引言性的幾章，也將人類鮮明地劃分成兩個領域：承諾給義人的是「罪的寬恕，所有的仁慈、平安與寬和」以及隨之而來的「救恩」，而「對你們所有罪人，將沒有救恩，詛咒將永留在你們身上」（哈諾客一書五6）。

---

2. 尤其關於〈哈諾客書信〉，參 Loren T. Stuckenbruck, *1 Enoch 91-108*, CEJL (Berlin: de Gruyter, 2007)。

　　然而，儘管整個哈諾客傳統在拒絕對罪人的罪的寬恕上具有一致性，〈哈諾客寓言集〉卻對此有很大改變。剛開始，〈哈諾客寓言集〉似乎以報復和審判的語言，重申了我們在前面的哈諾客書卷中已經看到的同樣態度，即壓迫者與受壓迫者，以及義人與罪人之間無法妥協的對立。

　　以讓人聯想到〈守護者之書〉的語言，〈哈諾客寓言集〉主張，在最後審判中，罪人將受到懲罰，尤其是「君王和權貴者」，他們的命運將與創世之初的墮落天使相似：「沒有人為了他們尋求萬靈之主的仁慈」（哈諾客一書三八6）。他們自己的行為將給他們定罪：「那些日子裏，哈諾客領受了熱情和憤怒的書卷，以及不安與驅逐的書卷。『不應給予他們仁慈』，萬靈之主這樣說。」（三九2）

　　另一方面，義人將得救。四個總領天使將為他們轉求，「在榮耀之主面前發出讚美之聲」（哈諾客一書四十3）。第四個總領天使的任務以非常神秘的方式宣告為「抵擋撒殫們，禁止他們來到萬靈之主前，指控那些居住在地上的人」（四十7-8）。在〈守護者之書〉（哈諾客一書九至十一）中，四個總領天使（即彌額爾、辣法耳〔Raphael〕、加俾額爾〔Gabriel，加百列〕和烏黎耳〔Uriel〕）主持懲罰墮落天使和拯救義人。在《哈諾客一書》中，行動的是同一群體：彌額爾、辣法耳和加俾額爾，但第四個是「法奴耳〔Phanuel〕，他負責管理懺悔，給那些承繼永生的人希望」（四十9）。經文顯示，悔改將在最後審判中起作用。一些人將得救，並非因為他們的善行，而是因為他們的悔改，也因為撒殫們會受阻，不能在天主面前控告他們。這裏提到的撒殫們既不是反叛的

天使，也不是惡靈，而是控告天使，在最後審判中作為公訴人，報告個人的惡行（參匝〔亞〕三1-7）。第四十章沒有提供進一步的細節。然而，〈哈諾客寓言集〉迫切感到需要以法奴耳（悔改天使，以前在哈諾客傳統中從未提過）取代烏黎耳（懲罰天使）；這一事實說明，在審判的觀念上，某些事情改變了。審判不再毫無例外地被描述成摧毀邪惡（以及拯救義人）的審判，而是某種對罪人更微妙的仁慈行動。

《哈諾客一書》第四十八章強調最後審判中默西亞人子的啟示。所引用的經文很明確是《達尼爾書》的第七章，但和源文本（the source text）相反，人子現在不是天主審判的領受者，而是坐在天主寶座上的審判者。最後的審判將根據每人的行為。義人將以天主之名得救，因為他們做了很多善行，「憎恨和鄙視不義的此世」（哈諾客一書四八7）。相反的命運等待著罪人、君王和權貴者；「因為他們手中的行為」（四八8），他們不會得救。

隨後是一個簡短的插曲（第四十九章），天主和選民的公義受到稱頌。然後，在第五十至五十一章中，審判以更普世的維度呈現為「大地將歸還曾託付給它的一切，陰府會歸還它曾領受的一切」的日子（哈諾客一書五一1）。如所期盼的，經文重複提到，各按其行為，義人將受賞報，罪人將受懲罰。然而，令人出乎意料的是，除了義人和罪人外，第三個群體（「他者」）被單獨列出來——他們是「那些悔改並摒棄其手中行為的人」：

在那些日子裏，聖者和被揀選者將發生改變，白晝的光將

棲息在他們身上，光榮和榮耀將回歸聖者。在不幸之日，惡將
被積聚起來，反對罪人。義人將以萬靈之主的名義得勝。祂將
使其他人見證〔這個〕，好讓他們悔改，並摒棄自己手中的行
為。他們在萬靈之主面前將沒有榮耀，但藉由祂的名，他們將
得救，萬靈之主將憐憫他們，因為祂的仁慈偉大。祂的審判是
正義的，在祂的光榮的臨在下，不義者將無法站立：在祂審判
時，不悔改者將在祂面前消亡。萬靈之主說：「從此以後，我
對他們沒有仁慈。」（哈諾客一書五十1-5）

　　在哈諾客傳統的語境裏，這段經文極其重要，因為它第
一次引入了一個觀念，即：最後審判時的悔改將使天主以仁
慈寬恕一些罪人。但是，這段經文沒有得到應有的注意，甚
至在薩比諾·基亞拉（Sabino Chialà, 1997）、達尼爾·奧爾
森（Daniel Olson, 2004）和喬治·尼克爾斯伯格（2012）[3] 對
〈哈諾客寓言集〉最近和最全面的注釋中，也被錯譯和錯誤解
釋了。
　　和大多數抄本以及所有以前的譯文一樣，基亞拉準確地
將第三節譯為「他們沒有榮耀」，意即他們在天主前沒有「功
德」。但基亞拉在注釋中將該節理解為指的是「義人」：他
們（不是「其他人」）是句子的主語。基亞拉將該節解釋為一
個總體性說明，即天主的審判無一例外地以天主的仁慈為基

3. Sabino Chialà, *Libro delle parabole di Enoc: testo e commento* (Brescia: Paideia, 1997); Daniel C. Olson, *Enoch: A New Translation* (North Richland Hills, TX: BIBAL Press, 2004); George W. E. Nickelsburg and James C. VanderKam, *1 Enoch 2*, Hermeneia (Minneapolis: Fortress, 2012).

礎,即使對義人來說也是這樣,義人不能在天主前主張「任何榮耀」。但這與〈諾客寓言集〉在第四十八章中所說的矛盾;義人有善行,而罪人沒有。除此之外,在這裏,作者指的是「其他人」(那些悔改並摒棄自己手中行為的人),這可被以下事實證明:隨後的經節(第4-5節)繼續討論悔改,而非「義人」,討論的結果是「罪人」現在被稱為「不悔改者」。[4]

奧爾森知道,有一些抄本省略了否定的話語(「沒有榮耀」);但他承認,「其他人」的救恩在這段經文中呈現為天主仁慈的行為。「耶穌的葡萄園裏的工人的比喻也立意相似」[5]。「其他人」因此是罪人。奧爾森得出結論,認為「其他人」一定是外邦人。「這一章預定了給義人的寬慰與順遂的時期,在此期間,外邦人可以悔改和皈依」[6]。但是,經文沒有提到外邦人,哈諾客傳統也從未說過只有外邦人才是罪人,而猶太人都是「義人」。「其他人」是與「義人」相對的「悔改的罪人」(猶太人和外邦人)。

尼克爾斯伯格也正確地將「其他人」看作一個不同的群體——一個義人與罪人之間的中間群體,但他將他們理解為「義人」的子群;這些人可能沒有與義人同樣的功德,但有同樣的命運。「鑒於在第1-2b節中提到了義人及其壓迫者,在這個行動中提到的『其他人』,應該或是沒有包括在義人的壓迫者中的外邦人,或是沒有包括在義人中的其他以色列人,即聖者和被揀選之人」[7]。尼克爾斯伯格為了強化自己的解釋,

---

4. Chialà, *Libro delle parabole*, 224.
5. Olson, *Enoch*, 94.
6. Olson, *Enoch*, 94.

僅以和大多數手抄本（以及和之前諸如查理斯、奧爾森和基亞拉的譯文）相異的兩個抄本的見證為基礎，有些武斷地修改了經文，並刪掉了否定式（將這段經文譯為「他們將擁有榮耀」，而非「他們將沒有榮耀」）。像義人一樣，「其他人」也將在天主前有「榮耀」，也將因天主之名得救。但「其他人」在經文中不是以他們是誰來形容，而是以他們所做的來形容（「他們悔改，並摒棄自己手中的行為」）。尼克爾斯伯格解釋說，「他們手中的行為」指的是偶像崇拜；但這個解釋與四十八 8 所使用的同一短語矛盾，在四十八 8，這個短語指的是罪人（「因自己手中的行為而佔有土地的強人……不會得救」）。「其他人」不是「好外邦人」，也不是「不算太壞的以色列人」；像罪人一樣，他們不能在天主前主張榮耀。

　　基亞拉、奧爾森和尼克爾斯伯格都忽視了這段經文的革命性意義；它設想第三個群體在末日和「義人」與「罪人」一起出現。義人有「榮耀」（功德、善行），並以天主之名得救；而「罪人」沒有榮耀（沒有善行），不能以天主之名得救。「其他人」既非義人的子群，也不是罪責更少的罪人或外邦人群體。如經文明確聲明的，他們是將要悔改並摒棄自己手中行為的罪人的子群。像罪人一樣（不像義人），「其他人」在天主前沒有「榮耀」（沒有功德或善行），但因為悔改，他們將成義，並以天主之名得救，就像義人一樣（不像不悔改的罪人）。

　　換而言之，這段經文沒有僅僅探討在最後的審判中，天

7. Nickelsburg and VanderKam, *1 Enoch 2*, 182.

主的仁慈與天主的公義之間的關聯，這是早期拉比運動中廣泛討論的主題。沒有人（就連義人也一樣）不經天主仁慈的干預就可得救，這是整個猶太傳統中共同的設定。《哈諾客一書》第五十章的這段經文提出了一個可能性，即一些罪人可以僅藉由天主的仁慈成義，而不必藉由天主的公義成義。

按照〈哈諾客寓言集〉，義人將按照天主的公義與仁慈得救，罪人將按照天主的公義與仁慈被定罪，但那些悔改的人將因天主的仁慈而成義，即使按照天主的公義，他們本不該得救。悔改使天主的仁慈勝過天主的公義。〈哈諾客寓言集〉沒有提到與聖殿或善行有關的傳統的贖罪方式。〈哈諾客寓言集〉提到，天主與默西亞顯現的時間，是賜給罪人悔改與成義的最後機會的（短暫）時間。這個時間是有限的：在審判之後，對「不悔改者」絕對不會再有寬恕的機會。那些不悔改的人將永遠迷失。

我們現在終於理解了在最後審判中賦予法奴耳的特殊職能。透過阻止撒殫們去控告悔改的罪人，這位悔改的總領天使將使「其他人」得救，而不用經過天主的公義。藉由悔改，一些罪人將被天主的仁慈寬恕。「其他人」是成義的罪人。

對第五十章的這個解釋，和整個〈哈諾客寓言集〉是一致的，它使我們能更好地領會這段經文的發展。經文在肯定了末日時將賜給罪人悔改之後，必須澄清，這個可能性卻不是賜予每個人的。它不適用於墮落天使（因此保存了哈諾客體系的完整性），也不適用於君王和權貴者。

在第五十四章，我們得知：「君王和權貴者……〔是〕阿匝則耳的軍隊……彌額爾、加俾額爾、辣法耳和法奴耳應當

在那個偉大的日子抓住他們，在那天將他們投入燃燒的火爐，好讓萬靈之主為他們的不義報復他們，因為他們臣服於撒殫，使那些居住在地上的人走了邪路」（哈諾客一書五四1-6）。缺少總領天使們（包括法奴耳）的支持，他們肯定沒有悔改的機會。

敘事的修辭性發展，使君王與權貴者的覆滅甚至更戲劇化，因為他們的命運與其他罪人的命運形成了鮮明的對比。在尼克爾斯伯格形容為「角色顛倒的淒慘場面」[8]中，審判時，「君王、權貴者和那些統治者將臉朝下倒在他的面前。他們將敬拜人子，將他們的希望寄託在他身上，並懇求他的仁慈」（哈諾客一書六二9）。這裏的描述再一次讓人想起〈守護者之書〉的語言。如墮落天使向哈諾客所做的，君王和權貴者將向人子請求仁慈。他們希望，他們也可以利用天主的仁慈。但結局不是這樣。「但萬靈之主將迫使他們倉促地從祂面前離開，他們的臉應當充滿羞愧，黑暗在他們的臉上變得更深。祂將他們交給天使懲罰，好在他們身上執行報復」（六二10-11）。

就連在懲罰天使手中，君王和權貴者也「將哀求〔天主〕給他們一點暫緩的時間，好讓他們可以在萬靈之主面前伏地下拜，讓他們可以在祂面前悔罪」（哈諾客一書六三1）。但他們的請求再一次被拒絕了。他們永恆的地方將是和「降到地上，向人的孩子揭示隱蔽的事物，並引誘人的孩子犯罪的天使在一起」（六四1-2）。

---

8. Nickelsburg and VanderKam, *1 Enoch 2*, 266.

寬恕與不寬恕的默西亞

　　〈哈諾客寓言集〉沒有將任何特別的寬恕權力歸給默西亞。默西亞一直是審判者和惡的毀滅者，對君王和權貴者的請求無動於衷。天主的仁慈透過天使法奴耳運作；由於他的介入，悔改的罪人（即「其他人」）被人子的審判宣告無罪。

　　然而，〈哈諾客寓言集〉顯示了傳統中的根本轉折，該傳統以前從未關注悔改或罪的寬恕問題（除了排除這樣一種可能性）。悔改如今成了〈哈諾客寓言集〉的中心主題，也應該是罪人在最後審判迫近時的核心關注點。在將墮落天使以及君王和權貴者排斥在外之後，天主願意以自己的仁慈，使那些悔改者成義。

　　〈哈諾客寓言集〉沒有對這些點詳細闡述，但如果我們閱讀對觀福音關於洗者若翰和耶穌的宣講，會發現，讀這些部分就像閱讀《哈諾客一書》第五十章的米德辣市一樣。[9] 無論這種解釋是否反映、調整或修正了歷史上的洗者若翰和歷史上的耶穌真正所做的或想要做的，從對觀福音的觀點看，末日已經來臨，天主默西亞已經在耶穌身上顯現。《哈諾客一書》第五十章的預言不再屬於未來，而是已經藉由人子耶穌及其先驅洗者若翰在地上的顯現而實現了。他們整個的傳教事業都獻給了「其他人」。

9.「米德辣市」：源自希伯來文的「研究、解釋」，是猶太後期經師對聖經人物、事物、法律、禮儀所作的解釋、引申、增添和描繪，使之更通俗易懂的所有著作的總稱，後演變為公認的「聖經解釋」。米德辣市分為兩種：一種是歷史性著作，稱為「哈加達」（*haggada*）；另一種是法律性著作，稱為「哈拉卡」（*halakhah*）──譯注。

　　在對觀福音中，默西亞作為寬恕者第一次來臨的觀念，是哈諾客體系一個激進但又合乎邏輯且必然的變體，是針對哈諾客問題所給出的答案。[10]在最後審判即將來臨之前，存在一個悔改的時間的概念，以及在那時罪人將被分為悔改者（「其他人」）和不悔改者的預言，是若翰和耶穌的使命的必要前提，正如對觀福音中所敘述的。

　　歷史上的洗者若翰生活在曠野裏，有眾多門徒，被黑落德·安提帕（希律王）處死。洗者若翰肯定是一個複雜的人物，強調潔淨和道德，但對觀福音對他的宣講的解釋，是將他作為人子耶穌的先驅，置於由〈哈諾客寓言集〉開啟的思潮之中。若翰宣告（或者我們應當說提醒人們？）「那些悔改並摒棄自己手中行為的人」將因天主的仁慈成義，即使他們在天主前「沒有榮耀」。最後審判即將來臨，那時大地將被火洗淨；這是對那些在此世「沒有榮耀」的人的緊急召叫，呼籲他們悔改，得到罪的寬恕。若翰的呼召的緊迫性，與〈哈諾客寓言集〉的觀點是一致的，即在末日，只有一個小窗口會為悔改開啟，隨後再沒有時間悔改。

　　面臨審判者和審判之火，對罪人意味著必然的滅絕。洗者若翰提出解決方案，也基於哈諾客傳統中的一個核心敘事——水的潔淨價值。解決模式是降下洪水，那時大地被淹沒，好限制惡的傳佈。用水領洗吧，否則，你將要由人子以

10. 參 Gabriele Boccaccini, "Forgiveness of Sins: An Enochic Problem, a Synoptic Answer," in *Enoch and the Synoptic Gospels: Reminiscences, Allusions, Intertextuality*, ed. Loren T. Stuckenbruck and Gabriele Boccaccini (Atlanta: SBL Press, 2016), 153-67。

審判之火施洗。這是對觀福音對洗者若翰的信息的理解，與基督宗教的作者將其呈現為基督宗教（以聖神）施洗的預言，並不衝突。洗者若翰所表達的是基於〈哈諾客寓言集〉（第五十章）的預言的召叫。在末日，天主將給罪人最後一次機會。如果一個罪人真誠地悔改了，摒棄了手中的行為，即使這人在天主前沒有榮耀，天主的仁慈也會勝過天主的公義，他就會以天主之名成義。與對觀福音對耶穌所作的主張相反，在〈哈諾客寓言集〉中，默西亞不參與寬恕的工作，一直是審判者和惡的摧毀者。

類似的觀念反映在《亞當與厄娃生平》（the Life of Adam and Eve）中。在這篇一般確定為一世紀時的作品中，罪人亞當行補贖四十天，浸在約旦河水裏（無獨有偶，若翰也在約旦的活水中施洗）。第一人（和第一個罪人）受到堅定的希望驅動：「或許天主會憐憫我」（亞當與厄娃生平四3）。他的請求是被允許回到伊甸園，然而這個請求不被接受；但在他死時，他的靈魂不會被罪有應得地交給魔鬼，而是被帶到天上。所以，天主在仁慈中做決定，不管撒殫的抱怨。

寬恕的默西亞：耶穌

在對觀福音的解釋中，洗者若翰作為先驅，僅能宣告悔改的緊迫性，並表達對天主仁慈的希望。但對耶穌來說，就是另一回事：他是「在地上有權柄赦罪」的「人子」（谷二10、瑪九6、路五24）。耶穌在死後留給他的門徒藉由「偕同聖神」的洗禮赦罪的權力，並將「在他父的光榮中，同諸聖天

使」返回（谷八38），以火施行審判。

　　和洗者若翰的情形一樣，對罪的寬恕的這個主題是否、如何，以及在何種程度上，曾是耶穌原始教導的一部分，學者們有一些討論，[11]但這裏的問題不是關涉歷史上的洗者若翰或耶穌，而是關涉早期耶穌運動的宣講。不論罪的寬恕的默示性觀念是否追溯到耶穌本人，也不論此觀念是否「其整個傳教生涯的中心」（如鄭玄宗〔Chong-Hyon Sung〕所總結的）[12]這個觀念從一開始，就的確屬於關於耶穌的解釋傳統。

　　尤其重要的是，寬恕的觀念不是作為道德誡命引入，而是在一個與〈哈諾客寓言集〉和洗者若翰相似的默示性框架中引入。在像耶穌的祈禱這樣的經文中（瑪六9-13、路十一2-4），希望在於天主的國即將來臨（「願你的國來臨」），主要的關注是惡的權勢，即超凡力量的結果（「不要讓我們陷入誘惑，但救我們免於兇惡」）。核心的是請求寬恕，這似乎也是罪人應有的必要行為（「寬免我們的罪債，猶如我們也寬免得罪我們的人」）。但在這裏，寬恕是天父的特權，寬恕的權力沒有被賦予人子。如在〈哈諾客寓言集〉中或洗者若翰的宣講中所表達的，期待是對最後審判時末世寬恕的期待，那時「憐憫人的人……要受憐憫」（瑪五7）。《瑪竇福音》（馬

11. Tobias Hägerland, *Jesus and the Forgiveness of Sins* (Cambridge: Cambridge University Press, 2012).

12. Chong-Hyon Sung, *Vergebung der Sünden: Jesu Praxis der Sündenvergebung nach den Synoptikern und ihre Voraussetzungen im Alten Testament und frühen Judentum* (Tübingen: Mohr Siebeck, 1993), 283；亦參 Teodor Costin, *ll perdono di Dio nel vangelo di Matteo: uno studio esegetico-teologico* (Rome: Gregorian University Press, 2006)。

太福音）評論耶穌的祈禱，闡明了此處的關聯：「因為你們若寬免別人的過犯，你們的天父也必寬免你們的；但你們若不寬免別人的，你們的父也必不寬免你們的過犯」（瑪六 14-15；參谷十一 25）。《路加福音》則很簡潔地說：「你們要赦免，也就蒙赦免。」（路六 37）

但在對觀福音最後的編輯中，人子耶穌不僅是天主的寬恕使者，也是寬恕的主要中介。他被描述為有權柄的人，能夠對癱瘓者說「孩子！你的罪赦了」，而不必犯褻瀆的罪，因為「人子在地上有權柄赦罪」（谷二 1-10、瑪九 2-8、路五 17-26）。

《馬爾谷福音》（馬可福音）發展了一個傳統模式，將天主的治癒與寬恕聯繫起來（「請向上主讚頌⋯⋯是他赦免了你的各種愆尤，是他治癒了你的一切病苦」，詠一○三 2-3），將耶穌的治癒權能看作天主的寬恕的彰顯：「不是健康的人需要醫生，而是有病的人；我不是來召義人，而是召罪人。」（谷二 17）

《瑪竇福音》和《路加福音》基本上重複了《馬爾谷福音》關於這些問題的信息（瑪九 12-13、路五 31-32），但有一些重要的增添。在《瑪竇福音》對耶穌的童年敘事中，寬恕是天使向若瑟所表明的耶穌的特殊使命，並反映在他的名字中：「你要給他起名叫耶穌，因為他要把自己的民族，由他們的罪惡中拯救出來。」（瑪一 21）《路加福音》則是增加了在法利塞人的家裏，為耶穌的腳傅油的罪婦的情節（路七 36-50）。這個情節有可能是耶穌在伯達尼的受傅敘事的二次改寫（谷十四 3-9），但這並不減少這個故事的重要性。不管《路加福音》因甚麼原因重述伯達尼受傅敘事，他本可以乾脆刪掉這個敘

事。但他將其改寫成新的情節，將治癒癱瘓者的成分（即受法利塞人質問和耶穌明確聲明自己的權柄）和召叫稅吏的成分（谷二13-17、瑪九9-13、路五27-32）結合了起來；後一語境具有相似的宴會背景，但寬恕之恩的領受者不是一個象徵意義上的病人，而是明確為一個罪人。從修辭上講，罪的寬恕的核心觀念藉由創造一個情景而得到肯定；在這個情景中，耶穌親自重申了《路加福音》的信念，即默西亞有「權柄」說「你的罪得了赦免」（路七48）。

隨著人子的到來，此世的「強人」的權勢終結了，因為「有個比他強壯的」已經到來（路十一22），人子有權能捆綁他，「搶劫他的財產」[13]（谷三27）。按照對觀福音，此處暗藏耶穌相對於若翰的優越性。若翰的洗禮是召叫罪人藉由悔改成為「其他人」。最後只有不悔改者將被定罪。但若翰只能表達一個希望，基於哈諾客的預言和一個信念，即天主是善的、仁慈的，不會對罪人的呼號和痛苦無動於衷；而這些罪人，像《亞當與厄娃生平》裏的亞當，在懺悔和信仰中向天主懇求。根據耶穌追隨者的描述，耶穌提供了一個更具體的視角，因為寬恕的許諾來自人子本人。畢竟，誰能比天主所委派的末世審判者更有寬恕的權柄？

被派遣給許多人

按照〈哈諾客寓言集〉來解讀對觀福音，有助於我們理

---

13. 財產：按作者原文 property。思高聖經譯為「家具」——譯注。

解基督宗教傳統裏，歸給耶穌的一些比喻。亡羊的比喻（瑪十八10-14、路十五1-7）規定了天主與「其他人」之間的關係。《路加福音》的蕩子比喻（十五11-32）重申了這個主題，但也增加了一個教導，這個教導涉及義人與「其他人」之間，以及那些有榮耀並將得救的人（因為他們從未放棄天父的家）與那些沒有榮耀但也依然成義的人（因為他們悔改了，並摒棄了自己手中的行為）之間的關係。例子可以有很多，但我贊成奧爾森的看法，沒有甚麼比喻會比《瑪竇福音》所敘述的葡萄園工人的比喻更有啟發性（瑪二十1-16）。家主對不同「程度」的工作，卻支付了同樣的薪酬，給了義人和「其他人」完全的賞報（救恩），正如〈哈諾客寓言集〉第五十章所說的，天主在最後審判時所做的那樣。天主的仁慈（「難道不許我拿我所有的財物，行我所願意的嗎？或是因為我好，你就眼紅嗎？」，瑪二十15）勝過天主的公義，或者，如《雅各伯書》（雅各書）所說的「憐憫必得勝審判」（雅二13）。

拉比們對兩個「規範」（*middot*）[14]，即天主的公義與仁慈這兩個規範之間的關聯，進行了自由的討論，對這個問題提出了靈活的回答。《米市納索塔》（Mishnah Sotah，一7-9）堅持一個原則，即「人以甚麼度量他人，也必同樣被人度量」，肯定天主將「以同樣的度」，懲罰惡行時賜予公義，回報善行時賜予仁慈。相反，《托塞夫塔索塔》（Tosefta Sotah）中的平行經文（三1—四19）主張，「仁慈的量度比公義的量度大五百倍」。但這兩個神聖的屬性在〈哈諾客寓言集〉和早期基

14. "*Middot*" 是猶太詮釋學或聖經解釋學中使用的方法或原則，用於解釋聖經詞語或篇章的意義，以滿足新處境的需要——譯注。

督宗教傳統中從未對立；相反地，強調的是這兩者之間必要的互補性。不意外地，這些比喻的拉比版本以不同的話語結束，稱頌了天主的仁慈，但沒有否認天主的公義：「這個人在兩小時內所做的工作，比你們其他人一整天所做的工作還要多。」（y. Ber. 2:8）

按照〈哈諾客寓言集〉來解讀對觀福音，也使我們澄清一個反覆出現的問題，基督宗教神學中的一個癥結：耶穌到來（並死去），是為了許多人，還是為了所有人。因為「有限補贖」的觀念，聽起來像是對救恩邊界的武斷限制，今天大多數基督徒會傾向說，耶穌是為了「所有人」而來。但在對觀福音中，沒有證據說明，默西亞耶穌有對每個人的普世使命。關鍵不是一些人被排除在外，或存在一個預定的或被選者組成的特權群體。關鍵是，作為默示性的寬恕者，耶穌不是被派遣給義人（他們將按照自己的行為，在審判中得救），而是被派遣給罪人，好讓他們可以悔改和成義。

在最後審判中，相比「一些」義人，將會有「許多」罪人。這一點似乎在默示性的圈子裏是老生常談。在《亞巴郎遺訓》（the Testament of Abraham）中，當審判的大門指給聖祖時，他得知有兩個大門：「一個是寬路上的寬門；另一個是窄路上的窄門……寬門是給罪人的，通向毀滅和永罰……因為有許多人迷失，而只有少數人得救。」（亞巴郎遺訓 11）

《瑪竇福音》使用了同樣的意象：「你們要從窄門進去，因為寬門和大路導入喪亡；但有許多的人從那裏進去。那導入生命的門是多麼窄，路是多麼狹！找到它的人的確不多。」（瑪七 13-14）這問題是救恩的問題，這一點在《路加福

音》中甚至更加明確：「『主，得救的人果然不多嗎？』耶穌
對他們說：『你們竭力由窄門而入罷！因為將來有許多人，我
告訴你們：要想進去，而不得入』。」（路十三 23-24）

　　在對觀福音的經文中，沒有證據表明，所有人都要被定
罪（除非他們成義），因為他們不能行善。默西亞專注在罪
人——即「迷失了的羊」——的身上（瑪十 6、十五 24）；這
個事實並不意味著，只有那些得到寬恕的人才能得救，而那
些沒有被包括在「許多人」內的人，就要被定罪。反過來才是
真確的。少數人——義人——將得救，而且不需要人子提供
的寬恕之恩。耶穌的使命，明確地被比作派去治癒病人的「醫
生」的使命。義人不需要醫生，悔改只是為了罪人：「不是
健康的人需要醫生，而是有病的人。我不是來召叫義人，而
是召叫罪人悔改。」（路五 31-32；參瑪九 12-13、谷二 17）罪
人，是許多人，而非一些人。

誰被排斥在外？

　　顯然，天主的寬恕沒有限制——「世人的一切罪惡，連所
說的任何褻瀆的話，都可得赦免」（谷三 28）。但是，與〈哈
諾客寓言集〉一樣，對觀福音主張，成義之恩的普遍性有例
外。沒有針對「邪靈」的寬恕安慰之語，他們知道，毀滅的時
間近了（谷一 24）。富人和權貴者也不能被寬恕，除非他們不
再富裕，分享他們的東西。「那些有錢財的人，進天主的國是
多麼難啊！……駱駝穿過針孔，比富有的人進天主的國還容
易」（谷十 23-25、瑪十九 23-24、路十八 24-25）。與〈哈諾客

寓言集〉相同，審判一旦宣佈，在來生或來世就都沒有寬恕，如《路加福音》在富人和拉匝祿（拉撒路）的比喻中所澄清的：「在我們與你們之間〔即陰間和天堂之間〕，隔著一個巨大的深淵，致使人即便願意，從這邊到你們那邊去也不能，從那邊到我們這邊來也不能。」（路十六 19-31）

　　但在對觀福音和〈哈諾客寓言集〉之間仍有一些重要的差異。默西亞在〈哈諾客寓言集〉中是天上的最後審判者和惡的摧毀者；在對觀福音中，默西亞成了地上寬恕的中介。耶穌整合了〈哈諾客寓言集〉中，歸給人子和總領天使法奴耳的中保職能（法奴耳因此從未進入基督宗教傳統、黯然消失，雖對定義耶穌的默西亞身份有重要貢獻，卻註定被徹底遺忘）。歸給人子的雙重角色（地上的寬恕者和天上的末世審判者）中，甚至增添了一個新的例外，一個不能寬恕的、除了墮落天使、君王和權貴者的罪之外的額外的罪。「對聖神的褻瀆」顯然與一些人公然反對耶穌在地上的使命有關：「『誰若褻瀆了聖神，永遠不得赦免，而是永久罪惡的犯人。』耶穌說這話，是因為他們說：『他附有邪魔』。」（谷三 29-30）〈哈諾客寓言集〉的話，現在用在了耶穌身上：「當他審判時，不悔改者將在他面前消亡。『從此以後，我對他們不會有仁慈』，萬靈之主說。」（哈諾客一書五十 4-5）問題不是對人子的態度，而是對寬恕的神聖之恩的拒絕。不悔改的罪人不會得救。「凡出言干犯人子的，可得赦免；但出言干犯聖神的，在今世及來世，都不得赦免」（瑪十二 32；參路十二 10）。

　　對觀福音極大地改變了神聖寬恕的時間和背景。在耶穌第一次來臨時，他成了一個在地上的序幕的主角，這一序

幕先於並準備了默西亞人子在天上的審判。寬恕仍然是末世之恩，但悔改的機會不再與最後審判的時間重合。悔改的機會（藉由人子在地上的使命）在最後審判之前（不久）賦予罪人，那時天主的國尚未來臨。

結果是：在〈哈諾客寓言集〉中，悔改的經驗由末日的自明現實激發，而在對觀福音中，悔改卻發生在遠不確定的背景和時間，此時的人們仍絕望地渴求「一個徵兆」（谷八11-12、瑪十二38-42、路十一29-32）。這需要接納一個尚未顯明的信息，以及與這個信息的一位本來極不可能的使者建立個人關係，這位使者就是來自加里肋亞納匝肋的背景不明的教師和施神跡者[15]（谷六1-6、瑪十三53-58、路四16-30；參若一〔約一〕43-46）。這就是對觀福音用「信德」（*faith*）這個詞語所表達的。賜給罪人的罪的寬恕要想有效，得有領受者的信德，因此，信德作為領受寬恕的重要先決條件出現了。

如我們已經看到的，在對觀福音的傳統中，耶穌的治癒權能反映了他的寬恕權能。「甚麼比較容易呢？是對癱子說：你的罪赦了；還是說：起來，拿你的床走？」（谷二9）耶穌從一個意義轉換到另一個意義，使這兩個意義可以互換。同樣，同一個措辭「你的信德救了你」既用於治癒（谷五34），也用於寬恕（路七50）。因為治癒有時因缺乏信德而受阻（「他在那裏，因為他們不信，沒有多行奇能」，瑪十三58），所以寬恕只能藉由信德對一個罪人實現：「耶穌一見他們的信心，就對癱子說：『孩子！你的罪赦了』。」（谷二五）

---

15. 指耶穌——譯注。

　　在耶穌死後，他的追隨者將宣告寬恕理解為，當人子從雲彩中最後歸來（或第二次來臨）時，他們的首要任務。他們不僅主張耶穌「在地上有權柄赦罪」（谷二10、瑪九6、路五24），而且相信耶穌已經賦予他們同樣的權威。「我要將天國的鑰匙交給你：凡你在地上所束縛的，在天上也要被束縛；凡你在地上所釋放的，在天上也要被釋放」（瑪十六19、十八18），這是若廿23明確關注的寬恕的權能：「你們赦免誰的罪，就給誰赦免；你們存留誰的，就給誰存留。」寬恕的權威作為寬恕的使命而賦予宗徒：「天上地下的一切權柄都交給了我，所以你們要去使萬民成為門徒，因父及子及聖神之名給他們授洗。」（瑪廿八18-19）

　　權威與使命之間的同樣關聯存在於《路加福音》：「從耶路撒冷開始，因他的名向萬邦宣講悔改，以得罪之赦。」（路廿四47）在《宗徒大事錄》中，寬恕從一開始就和宣告迫近的審判一起，作為早期基督徒使命的核心，並作為基督使命的主要成就強調：「天主以右手舉揚了他，叫他做首領和救主，為賜給以色列人悔改和罪赦。」（宗五31）信德和悔改是以耶穌之名領受寬恕之恩的先決條件。「他吩咐我們向百姓講道，指證他就是天主所立的生者與死者的判官。一切先知都為他作證：凡信他的人，賴他的名字都要獲得罪赦」（宗十42-43）。洗禮是耶穌賦予宗徒的寬恕權威得以彰顯的工具：「你們悔改罷！你們每人要以耶穌基督的名字受洗，好赦免你們的罪過。」（宗二38）

　　在〈哈諾客寓言集〉中，悔改的決定與審判同時發生，神聖的成義行動立即生效，帶來個人的救恩。在對觀福音中，

成義先於審判：藉由洗禮，成義變得有效，受到寬恕的罪人將在餘生中一直享有成義。

寬恕之後的生命

人們在最後審判前成義的可能性，以及末日的延遲（宗徒執行寬恕使命的必要時間），很快使問題複雜化，為後來基督宗教傳統更引人注目的發展開啟了大門。現在，一個間歇的時間將寬恕的時間和最後審判的時間分開，雖然這個間歇的時間被認為是短促的（因為仍宣告末日迫近）。一個新問題出現了。一個人一旦成義，他或她在最後審判前應做甚麼？耶穌的第一批追隨者不認為成義（藉由洗禮的罪的寬恕）是永生的保證，而是給那些無望地受惡的權勢壓迫的人的一個新開始的機會。他們不認為天主的寬恕使他們免於審判；相反，他們相信審判將「從天主的家開始……從我們開始」（伯前〔彼前〕四17）。

這個問題在像不寬恕的僕人的比喻（瑪十八21-35）這樣的經文中，有直接的探討。耶穌回答了一個問題，這個問題不僅涉及成義的先決條件，也涉及那些已被寬恕者的責任：「主啊！若我的弟兄得罪了我，我該寬恕他多少次？」（十八21）出於仁慈，「那僕人的主人就動心把他釋放了，並且也赦免了他的債」（十八27），然後離開了。但被寬恕的僕人忘記了他所領受的恩寵。他得到成義的賜福，儘管按照公義他應受懲罰。一個新生命大度地賜給了他，讓他活在裏面。然而，他再次犯罪，沒有對他的鄰人顯示仁慈。當君王歸來

時，他對僕人在成義後所做的，行了審判。這是定罪的裁決，*雖然*他已受過仁慈。最後的判決是一個警告，尤其針對所有已經由寬恕的耶穌而成義的罪人。「如果你們不各自從心裏寬恕自己的弟兄姊妹[16]，我的天父也要這樣對待你們」（十八35）。成義不是救恩。人子賜予的寬恕沒有取消按照行為審判的現實。

《路加福音》也論及不感恩的僕人：

要把你們的腰束起，把燈點著；應當如同那些等候自己的主人，由婚筵回來的人，為的是主人來到，一敲門，立刻就給他開門。主人來到時，遇見醒寤著的那些僕人，是有福的。我實在告訴你們：主人要束上腰，請他們坐席，自己前來伺候他們。他二更來也罷，三更來也罷，若遇見這樣，那些人才是有福的。

你們應該明白這一點：如果家主知道盜賊何時要來，決不容自己的房屋被挖穿。你們也應當準備，因為在你們不料想的時辰，人子就來了。（路十二35-40）

伯多祿的問題從修辭上打斷了敘事，再次強調，這個教導是特別給耶穌的門徒的：

伯多祿說：「主，你講的這個比喻，是為我們呢，還是為

16.「姊妹」：按作者原文。思高聖經無──譯注。

眾人？」主說：「究竟誰是那忠信及精明的管家，主人派他管理自己的家僕，按時配給食糧？主人來時，看見他如此行事，那僕人才是有福的。我實在告訴你們：主人必要委派他，管理自己的一切財產。如果那個僕人心裏說：我主人必然遲來；他便開始拷打僕婢，也吃也喝也醉酒。在他不期待的日子，不知覺的時刻，那僕人的主人要來，必要剷除他，使他與不信者遭受同樣的命運。那知道主人的旨意，而偏不準備，或竟不奉行他旨意的僕人，必然要多受拷打；那不知道而做了應受拷打之事的，要少受拷打。給誰的多，向誰要的也多；交托誰的多，向誰索取的也格外多。」（路十二41-48）

成義是走向救恩的重要一步，但倘若那些已悔改者不堅守自己的正義，成義就是無用的。「你們是地上的鹽，鹽若失了味，可用甚麼使它再鹹呢？它再毫無用途，只好拋在外邊，任人踐踏罷了」（瑪五13）。

與此一致的是，《瑪竇福音》（廿五31-46）在描述最後審判時，只呈現了兩個群體——義人和罪人（「綿羊」和「山羊」），二者按各自的行為，受人子（「牧人」）的審判。沒有〈哈諾客寓言集〉裏那樣的第三個群體的空間。這不是因為悔改不重要，而是耶穌的第一批追隨者認為自己是第三個群體，是從他們過去的罪中因信成義的罪人；現在他們像所有其他人一樣，按照得到寬恕後在自己生命中所作所為，經受考驗。

但是，在對觀福音中，有一個審判的場景令人驚奇地與〈哈諾客寓言集〉第五十章的哈諾客審判相似，即路加所描

述的釘十字架的場景。[17] 在哥耳哥達（各各他），沒有三個群體，而是代表三個群體的三個人——耶穌（義人）、善賊（悔改者，即「其他人」），以及惡賊（不悔改者）。既然他們都要死，沒有人留下來，只剩在死前做個決定。在這裏，成義與救恩同時發生。經文明確地說，這兩個賊按其行為是有罪的，而耶穌是無辜的（「這對我們是理所當然的，因為我們所受的，正配我們所行的；但是，這個人從未做過甚麼不正當的事」，路廿三41）。 作為罪人，兩個賊都「沒有榮耀」，應該被天主的公義定罪，但一個悔改了，並將得救（「今天你就要與我一同在樂園裏」，路廿三43），而另一個沒有。按照天主的公義，耶穌是正義者，善賊是因天主的仁慈成義的罪人，而惡賊是天主的公義所定罪的不悔改者。在這裏，〈哈諾客寓言集〉傳統的記憶和遺產，依舊很活躍。

結語

　　早期耶穌運動是一場猶太默示和默西亞運動，主張這個邪惡世界的終結，以及對天主的國的重建已經迫近。 與〈哈諾客寓言集〉的傳統一致，早期耶穌運動的追隨者將末日理解為審判之時，以及悔改和寬恕之時。他們也有〈哈諾客寓言集〉的觀點，即藉由天主的公義，「少數」義人將得救，「許多」罪人將被定罪。但天主是仁慈的，藉由天主的仁慈，悔改的罪人也將成義。

---

17. 我要感謝我的同事和朋友艾塞克・奧利弗（Isaac Oliver），他首先讓我注意到這個段落。

　　從這個觀點看，就在末日迫近之前，天主已派遣默西亞人子作為寬恕者，好讓悔改的罪人藉由仁慈的成義行動，使他們的罪得到寬恕，從而也能進入天主的國。默西亞的使命特別針對「許多」罪人，而非針對在最後審判中，按其行為將會得勝的「少數」義人。默西亞在尋找「迷失了的羊」，好讓其藉由悔改，藉由天主的仁慈，而能成義。只有那些不悔改者才不能進入天主的國。

　　這就是默示性猶太人保祿加入耶穌運動時所領受的信息，他藉由接受洗禮而接納的信息，他與群體的其他成員分享的信息。他創建他的傳教活動，是與這些前提（他從未質疑這些前提）一脈相承的。許多年後，當他作為「外邦人的宗徒」為人所知，他使命的本質沒有改變。他對自己的默示性召叫始終保持忠信，而這個召叫，根據《宗徒大事錄》，是他從耶穌基督本人那裏領受的：「我……打發你到他們那裏去，開明他們的眼，叫他們從黑暗中轉入光明，由撒殫權下歸向天主，好使他們因信我而獲得罪赦，並在聖化的人中得有份子。」（宗廿六 17-18）

第六章

猶太人保祿的神性基督論

低階和高階基督論

自從諸如阿道夫・馮・哈納克（Adolf von Harnack）、查爾斯・奧古斯都・布里格斯（Charles A. Briggs）和威廉・布塞特等學者開始將基督論呈現為一個漸進的成長和理解過程，而非突如其來的啟示的結果，[1] 保祿就被理解為從起初的低階基督論過渡到教父時期的高階基督論，或從猶太教的人性默西亞（the *human* messiah）過渡到基督宗教的神性默西亞（the *divine* messiah）重要的一步。神性默西亞的概念產生於希臘化範疇的外部和普遍影響，將猶太教和基督宗教之間的二分法回溯到過去，而被視作一個迥然不同的基督宗教觀

---

1. Adolf von Harnack, *Lehrbuch der Dogmengeschichte*, 3 vols. (Freiburg i.B.: Mohr Siebeck, 1886-90); Charles A. Briggs, *The Incarnation of the Lord: A Series of Sermons Tracing the Unfolding of the Doctrine of the Incarnation in the New Testament* (New York: Charles Scribner's Sons, 1902); Wilhelm Bousset, *Kyrios Khristos: Geschichte des Christusglaubens von der Anfängen des Christentums bis Irenaeus* (Göttingen: Vandenhoeck & Ruprecht, 1913).

念，而且和猶太教完全不相容。對於這個進程，莫里斯·凱西（Maurice Casey）一九九一年專著的《從猶太先知到外邦天主》（*From Jewish Prophet to Gentile God*）作了非常有效的總結。[2]

當代對第二聖殿猶太教的多樣性以及早期耶穌運動的猶太性的強調，已經根本地改變了這番景象、使之複雜化。諸如阿黛拉·亞布羅·科林斯（Adela Yarbro Collins）和約翰·科林斯等學者已經表明，默西亞的神性觀念，在古代希伯來人與古代近東地域的其他民族所共有的皇家意識形態中，有很強的根基；這些民族都認為君王是「天主子」（義子）。[3] 博亞林得出結論，認為神性默西亞的觀念對古代猶太教並不陌生。相反地，這個觀念在第二聖殿時期如此普及，以致於拉比沒想白費力氣地將它從他們自己的宗教中除去。尤其是，耶穌與天上的人子的關聯，將耶穌的「猶太」神性置於耶穌運動發展的極早階段。[4]

但是，耶穌在如此早的階段就被廣傳是神性的認知，使問題複雜化了，而不是解決了問題；因為對於古代猶太人而言，「是神性的」（*being divine*）和「是天主」並非等同概念。

我們現在所說的「神性」（*divine*）的意思，不是古代人

2. Maurice Casey, *From Jewish Prophet to Gentile God: The Origins and Development of New Testament Christology* (Cambridge: James Clarke, 1991).

3. Adela Yarbro Collins and John J. Collins, *King and Messiah as Son of God: Divine, Human, and Angelic Messianic Figures in Biblical and Related Literature* (Grand Rapids: Eerdmans, 2008).

4. Daniel Boyarin, *The Jewish Gospels: The Story of the Jewish Christ* (New York: New Press, 2012).

所認為的意思。尤其是在希臘—羅馬世界，「具有神性」遠非眾神的專屬屬性。「具有神性」首先是一個權力問題，從被提升的人（exalted humans）到至高的神，有許多程度的神性。巴特・埃爾曼（Bart Ehrman）談及「權力、莊嚴和神性的金字塔」[5]，這個金字塔由超越人類的存在者組成，這些存在具有不同程度的神性。在古代託名柏拉圖的論著《厄庇諾米斯》（*Epinomis*），設想一種被削去尖端的金字塔（截斷金字塔）會更合適，因為在多神教的頂端有幾個高級的神，羅馬人和希臘人認為這些較高的神是奧林匹克山上的眾神。[6]

　　令人驚奇的是，猶太人在對神聖者（the divine）的理解上，和他們的多神教鄰居們並無顯著不同。對於猶太人來說，宇宙裏也有超凡的神性存在者（divine beings，即天使）、被提升的人和其他的天主顯現形式。「猶太人也相信，神性存在者可以成為人，人也可以成為神性存在者」[7]。最大的區別是：猶太人將多神教的截斷金字塔設想成一個完美的金字塔，頂端只有一位天主——他們的天主，但仍保留了許多「神性較少」的存在者。根據第二聖殿時期的文本，這些神性較少而又高於人類的存在者，仍可稱作「神」（*gods*），

5. Bart Ehrman, *How Jesus Became God: The Exaltation of a Jewish Preacher from Galilee* (New York: HarperOne, 2014), 40.
6.《厄庇諾米斯》認為有五個神性級別，在頂端的是「宙斯、赫拉和所有其他的〔奧林匹克山上的神〕」（*Epinomis* 984d-985d）；Plato, *Epinomis*, trans. Walter R. M. Lamb (Cambridge: Harvard University Press, 1927)。亦參Walter Burkert, *Griechische Religion der archaischen und klassischen Epoche* (Stuttgart: Kohlhammer, 1977; ET: *Greek Religion: Archaic and Classic* [Cambridge, MA: Harvard University Press, 1985])。
7. Ehrman, *How Jesus Became God*, 45.

不僅因為當時宗教環境的影響，也因為這些文本所屬經籍的許多篇章成形於一個仍是多神教的語境，所以使用這樣的詞彙就合法化了。[8] 結果是，古代猶太文獻在一些存在者身上使用「神性」（*divine*）這一詞，而根據我們的理解，這些存在者不應被認為是神性的。學者們嘗試規範語言（比如，透過區分「屬人的」〔*human*〕、「屬天的」〔*heavenly*〕和「神性的」〔*divine*〕）。這或許會有所幫助，但最終還是失敗；因為當代和古代在對神性的概念和術語的使用上，存在差異。

如果單單賦予耶穌神性的歸屬不足以確認耶穌是天主，那麼，甚麼會是決定性的一步？埃爾曼和拉里‧烏爾塔多（Larry Hurtado）這兩位學者，在近年正面回答了這個問題。對埃爾曼來說，人期待的不是試圖辨認出耶穌何時以及如何「成為天主」這樣明確清楚的分界線，而是期待一個微妙得多的討論，即耶穌何時以及如何變得「越來越神性」，直到他登上整個一神教的金字塔，（幾乎）和天父一起分享塔頂。埃爾曼認為，耶穌先是被視為一個被舉揚到神性地位的人（猶如他之前的哈諾客或厄里亞）；然後，作為一個先在的屬天的存在者，這個存在者在耶穌身上成為人；再以更高貴的身份返回到天上。

一些年前，烏爾塔多回答了同一問題，追溯這個信念的起源，追問耶穌何時開始受到其追隨者的敬拜。[9] 在他看來，

---

8. 例如，參聖詠（詠廿九1、八九6），或古木蘭《感恩聖詠》（*Hodayot*）和「安息日祭獻之歌」（Songs of the Sabbath Sacrifice）對次階神性存在者所頻繁使用的אֱלֹהִים（神）一詞（參喬爾‧伯內特〔Joel S. Burnett〕對此的討論："*elōhîm*"，*ThWQ* 1.178-90。

早在耶穌與天父平等的明確神學興起之前，對耶穌的熱誠就標誌著猶太一神教內部的一個獨特發展。就在耶穌被敬拜的那一刻，他「成為天主」。可以確信的是，耶穌是猶太教中，我們唯一有證據證明被其追隨者敬拜的人；然而，烏爾塔多的論證被一個事實削弱了力道，即敬禮（veneration）是對權威人物的常見習俗。甚至在猶太一神教體系內，不同程度的敬禮可以應用於天主之外的、比天主低的神性存在者。在《亞當與厄娃生平》（第十三至十六章）中，總領天使彌額爾邀請所有天使將亞當作為「天主的肖像」來「敬拜」；撒殫的拒絕，導致他從天上跌落。〈哈諾客寓言集〉（六二6、9）表明，末日時，人子也會受到敬拜，但經文沒有暗示人子與天主的等同身份。最後，除了未確定的「最高」程度的神性或「最高」級別的敬禮，烏爾塔多和埃爾曼都未能甄別出，在古代猶太教，是甚麼將唯一天主清晰地與所有其他神性存在者分別開來。

有一段時間，我支持一種與烏爾塔多和埃爾曼不同的方法。這個方法既不關注對耶穌的敬獻實踐，也不關注耶穌的神性問題，而是關注一世紀猶太教的一個關鍵問題，即對耶穌受造或非受造身份的討論。[10]

---

9. Larry Hurtado, *Lord Jesus Christ: Devotion to Jesus in Earliest Christianity* (Grand Rapids: Eerdmans, 2003).

10. Gabriele Boccaccini, "How Jesus Became Uncreated," in Sibyls, Scriptures, and Scrolls: John Collins at Seventy, ed. Joel Baden, Hindy Najman, and Eibert Tigchelaar, JSJSup 175 (Leiden: Brill, 2016), 185-209; Gabriele Boccaccini, "From Jewish Prophet to Jewish God: How John Made the Divine Jesus Uncreated," in Reading the Gospel of John's Christology as Jewish Messianism, ed. Benjamin E. Reynolds and Gabriele Boccaccini (Leiden: Brill, 2018), 335-57.

斐羅在其《論世界的創造》（*On the Creation of the World*）的結尾，總結了猶太一神教的五個主要特徵。他沒有談及神性或敬禮，而是直接將天主的唯一性與天主作為萬物創造者的獨特角色聯繫起來：「天主具有本質與存在（a being and existence），如此存在的祂，是唯一的，祂創造了世界，使它成一體⋯⋯使之與祂相似；祂持續關愛自己所創造的一切」（*Op.*170-72）。

古代猶太人不僅視天主位於金字塔的頂端，而且屬於一個不同的維度。定義天主的，不在於天主是最神性的存在者、最值得尊崇和敬禮；定義天主的決定因素是：天主是萬物的唯一創造者。是天主的非受造身份使得天主是天主，定義了天主的獨特性。因此，關於早期基督論發展的適當問題不是（人性的）耶穌如何（被尊崇和敬拜，並）成為天主，而是（先是人性，而後神性的）耶穌如何變成非受造者。換而言之，第二聖殿期間的猶太人，可能沒有設想在神性存在者與非神性存在者之間，或在何者可以受到敬拜和何者不可以受到敬拜之間，存在清晰的分界線。但是，在他們的自我認同中，在受造者與非受造者之間，存在鮮明的分界線。作為神性存在者並受敬拜，這是權力問題，受造物可以分享一些程度上的神性和敬獻（devotion），而作為唯一天主，意味著本質上是非受造者。

猶太一神教的複雜性

不幸的是，就算用這些詞語來表達，猶太一神教這個問

題仍然十分複雜，因為在古代，猶太一神教的概念也遠比人們通常想像的複雜。第二聖殿時期的猶太人不僅對唯一天主和萬物的創造者與一些受造物（被視為次階的神性存在者）分享神性沒有問題，也知曉唯一天主的多種顯現形式。這些顯現形式的存在，使猶太人的一神教成了一個非常動態和包容的概念。[11]

在這些顯現形式中，有智慧（Wisdom）、聖神（the Spirit）以及聖言（the Word）。即使他們都在某種程度上由天主生成或產生，他們也是非受造者，因為他們不能真正算是天主創造的產物。

天主這些非受造的顯現形式，是古代猶太一神教的重要成分。他們居住在天上，但受派遣，進入世界，看起來擁有了某種脫離天父的自治生命。他們將天主與受造界聯繫在一起，幫助天主與其受造物交流。他們最終使天主成為宇宙的關愛之父。

如此動態的一神教觀點，促成一種相當複雜的宗教世界觀。一方面，存在非受造的存在者，包括唯一的非受造天主，以及天主的受生的顯現形式，後者經常作為中保，活躍在世界上。另一方面，存在受造的存在者，包括天使、靈和人，全都受造於唯一天主。神性的屬性不僅適用於非受造的存在者，也適用於那些由天主賜予超凡力量的受造物——天使和被提升的人（首先是大司祭和默西亞）；人們相信，這些受造物充當了天地之間的「中保」。

---

11. James F. McGrath, The Only True God: Early Christian Monotheism in Its Jewish Context (Urbana: University of Illinois Press, 2009).

被提升的神性受造物和天主的非受造的神性顯現形式同時存在，這有時引發張力，尤其當受造的存在者被賦予了一個天上的角色和某種程度的權能（或神性），其權能甚至高於天主的非受造的顯現形式的權能（天主的這些非受造顯現形式在地上運行，悖論地發現自己降級了，只有更小程度的神性）。這就是諸如哈諾客或厄里亞等現在居住在天上的被提升的人的情形，尤其是神性默西亞人子的情形；按照一些默示傳統，人子在最後審判時坐在天主的寶座上，被賜予天上第二高的位置，僅次於天主（哈諾客一書六九29）。這樣的張力是「天上的兩個權能者」（Two Powers in Heaven）爭議的根源。[12]

然而，古代猶太人安於居住在一個充滿了這麼多神性存在者（唯一天主的非受造的神性顯現形式，以及受造的神性存在者）的宇宙。他們不認為這樣的複雜性是對其一神教的挑戰。這個體系的平衡由非受造者與受造者、天主（及其受生的顯現形式）與其受造物之間的一個清晰和不可逾越的邊界維持，沒有例外，不論這些存在者的神性地位如何。默西亞人子是受造的，甚至當他坐在天主的寶座上時，也一直如此。沒有誰可以屬於兩個維度，同時是受造的，又是非受造的。斐羅甚至不覺得非得使用嚴格的一神教語言，而是幾乎漫不經心地稱呼聖言（logos）為「第二個神」（QG 2.26）；他的主要關注是澄清，聖言並非受造，因為聖言是在實際的創造發生之前，在世界的唯一造物主和設計師的頭腦中所設想的「原型模式，觀念中的觀念」（Op.19,25）。

---

12. Alan F. Segal, *Two Powers in Heaven:Early Rabbinic Reports about Christianity and Gnosticism* (Leiden: Brill, 1977).

　　對在受造者與非受造者之間設定一個清晰邊界的需要，是古代猶太人唯一熱衷的問題，遠甚於爭辯「神性」（*divinity*）或「敬獻」的抽象定義。第二聖殿智慧文學關於神性智慧（the divine Wisdom）是受造的還是非受造的無休無盡的討論說明：一個次階的神性存在者可能被一些人視作受造者，而被其他人視作非受造者。神性的屬性是被適用於一個受造的還是非受造的存在者，這並不真正重要；真正重要的是，一個神性存在者是受造的還是非受造的。在任何情形下，得是兩種方式之一；沒有誰可以同時既是受造的，又是非受造的。

　　對神性智慧的身份的不確定源於一個事實，即：不像聖神和聖言（兩者都是以色列天主的毫不含糊的顯現形式），在以色列的古代傳統中，她[13]的起源沒有確定。或毋寧說，如當代學者們所承認的，因為她來自多神教，是獨立的女神，被以色列的天主「獲取」（參*Ahiqar* 6:13；約〔伯〕廿八；箴一—九），因此，很久以來，她在猶太教的存在更多是被假定的，而非解釋的。[14]

　　第二聖殿猶太人一致認為，智慧在某種程度上被天主用作創世的工具，但他們在智慧的起源上有分歧。息辣（Sirach）主張：智慧獨一無二地與天主共有「永恆性」，因為她是永遠的（德一1b、廿四9b）。他很謹慎地指稱，「天主[15]從永遠直到永遠常常存在」（德四二21），智慧在時間的一開始，

13.「她」：指「神性智慧」——譯注。

14. Bernhard Lang, *Wisdom and the Book of Proverbs: An Israelite Goddess Redefined* (New York: Pilgrim, 1986); Silvia Schroer, *Wisdom Has Built Her House: Studies on the Figure of Sophia in the Bible* (Collegeville, MN: Liturgical Press, 2000).

15.「天主」：按作者原文God。思高聖經為「他」，指天主——譯注。

作為天主的第一個受造物被「造」（德廿四9；亦參七十賢士
譯本箴八22-23）。在其他文獻中，智慧被看作「受生」於天
主（智八3；斐羅，*Fug* 50），是天主永恆的顯現或光輝（智
七26）。在兩種情形中，作者們似乎都意識到，需要做一個清
楚的決定，因為不同特徵和一種不同的語言用在了一個受造
的或非受造的存在者身上。

總而言之，按照第二聖殿猶太人的宗教世界觀，沒有
天主的受造物和天主的顯現可以被設想成同時既是受造的，
也是非受造的。一個被提升的受造存在者，可以被稱為神性
的或受敬拜，但只有一個非受造的存在者才是唯一天主或唯
一天主的顯現。可能並非出於偶然，古代猶太文獻從未主張
人子是非受造的——雖然這些文獻毫無疑問視默西亞是神性
的，甚至主張人子會坐在天主的寶座上，擁有天主之名，受
到敬拜。如科林斯夫婦所指出的，「人子」這個用語在第二聖
殿猶太文學和對觀福音中，通常用於默西亞，並未暗含任何
先在（preexistence）和道成肉身（incarnation）的概念。[16]

因此，耶穌如何以及何時成為天主這一問題，與耶穌
如何以及何時開始被認為是神性的，或耶穌如何以及何時開
始受敬禮的問題，並不一致。天主之外的存在者可以是神性
的，天主之外的神性存在者可以受敬禮。而且，存在有力的
證據表明，耶穌確實在耶穌運動發展的極早階段，就被認為
是神性的，受到敬拜。因此，正確的問題是：神性的耶穌如
何以及何時開始被認為是非受造的？只有在這點上，才能

16. Yarbro Collins and Collins, *King and Messiah*, 209.

說，耶穌被賦予了與唯一天主同樣的特徵。

保祿的基督論

在最早期的基督宗教文獻中，並沒有明確地提到默西亞的完全神性；這一事實不能自動地將耶穌的首批追隨者與低階基督論或人性默西亞——即達味之子——的傳統聯繫在一起。誠然，在基督宗教中，從來不存在以耶穌作為人性默西亞的觀點為核心的低階基督論。耶穌運動從一開始，就在相信耶穌是人子、被提升的屬天的神性默西亞、地上的寬恕者，以及將要成為的末世審判者等這些信念中，找到了凝聚力。但是，耶穌的首批追隨者雖然尊崇耶穌為神性存在者，也因此欽崇他，卻從未假想過他們的默西亞會是非受造的。這個可能性完全不是當時猶太默西亞爭論的一部分。

保祿也不例外。他的基督論與哈諾客（和對觀福音的）模式並沒有根本上的不同。[17]保祿也非常謹慎，從未將天主（theos）這一稱呼賦予主（kyrios）耶穌；天主只獨特地用於天父。「因為雖然有稱為神的，或在天上，或在地下，就如那許多「神」〔theoi〕和許多「主」〔kyrioi〕，可是為我們只有一個天主〔theos〕，就是天父，萬物都出於他，而我們也歸於他；也只有一個主〔kyrios〕，就是耶穌基督，萬物藉他而有，我們也藉他而有」（格前八5-6）。事實上，天父和子的基本區分不是關於神性的問題；保祿認為兩者都屬於（或多或

---

17. James A.Waddell, *The Messiah: A Comparative Study of the Enochic Son of Manand the Pauline Kyrios* (London: T&T Clark, 2011).

少的）神性存在者。天父是唯一天主（*theos*），不單因為祂具有更多的神性，而是因為祂是萬物的非受造的造物主，而（神性較少的）子（*kyrios*）是天父用來創造宇宙的工具。

保祿知曉一個主張耶穌「按肉身是生於達味的後裔」（羅一3）的傳統，但他完全享有耶穌早期追隨者的信念，這些追隨者不僅將默西亞的特徵，而且也將程度高得多的與其屬天本性和救恩職能一致的神性，歸給了他們的默西亞。像對觀福音的人子一樣，保祿的子—主（*kyrios*）屬於天域，但分離並臣服於天父—天主（*theos*）。在藉由其自我犧牲，完成寬恕使命後，「子自己也要屈伏於那使萬物屈服於自己的父，好叫天主成為萬物之中的萬有」（格前十五28）。如果保祿沒有使用「人子」這個術語（甚至在諸如得前四16-17這樣的語境中；在那裏，對《達尼爾書》第七章的暗指使這點很明顯），那是因為這個稱呼，透過提示亞當之子耶穌臣服於第一亞當，會妨礙他所建立的亞當與新亞當之間的對應。因此，為了保留這個對應，他使用了「天主的兒子」。基督作為順服的兒子，被和不順服的兒子亞當相比較，作為另一個「天主的兒子」，分享了亞當的本性和尊嚴（參路三38）。兩者都按天主的肖像和模樣受造，各自都採取了天主的「形狀」。但是，亞當和耶穌的命運不同：亞當的命運是罪責和過犯，新亞當的命運是順服和榮耀。亞當的貶抑（*kenōsis*）[18] 是一種懲罰，由他的不順服引起；而耶穌的貶抑是自願選擇，為了完成他的寬恕使

18.「貶抑」：按作者英文原文 lowering。嚴格地講，*kenōsis* 的意思是「虛空」。在斐二7中，「使自己空虛」或「虛己」所對應的希臘文動詞是 κενόω；在斐二8中，「貶抑」所對應的希臘文動詞是 ταπεινόω——譯注。

命，隨後是他的舉揚和光榮（斐二 5-11），達到比以前更高的
神性地位。對耶穌的敬禮是耶穌的神性地位的證據，而不是
其非受造地位的證據；這是人子的名被彰顯之時，人子應受
的敬禮。

　　如科林斯夫婦所正確指出的，《斐理伯書》中的散文讚美
詩「清楚地談到了耶穌的先在性……〔但〕沒有暗示說，耶穌
在生而為人之前，就是天主，或與天主平等」[19]。用埃爾曼的
話說，「保祿將基督理解為成了人的天使」[20]。埃爾曼將《斐理
伯書》的讚美詩解釋為「道成肉身的基督論」的早期例證；但
他的這種解釋是誤導的，他也沒有必要否認耶穌與亞當之間
的對應。《斐理伯書》對神性的子受貶抑的描述與神性亞當的
故事對應：人子成了人，這是一種順服的行動，而後被舉揚
到更高程度的神性；亞當作為天主的另一個兒子，受造時也
像天使似的不朽，但成了人（即有朽的），作為對他想要獲得
更高程度神性的懲罰。是的，保祿形容耶穌是「先在的神性存
在者」[21]，但在保祿的思想中沒有道成肉身；保祿沒有在任何
地方談論，耶穌是非受造的智慧或成了血肉的聖言。是的，
「基督可以是神性存在者，但尚未與天主完全平等」。保祿很
謹慎；他從未稱基督為「天主」（theos），那唯一非受造的萬
物之造物主。[22]

　　耶穌運動的成員們花了近一個世紀的時間，才得出結

---

19. Yarbro Collins and Collins, *King and Messiah*, 147.
20. Ehrman, *How Jesus Became God*, 252。早在一九四一年，馬丁・維爾納（Martin
　　Werner）就主張，最早的關於聖子神性的思考應根據猶太天使論來解讀；參其
　　著作 *Die Entstehung des christlichen Dogmas* (Bern: Haupt, 1941)。
21. Ehrman, *How Jesus Became God*, 266.

論（或在基督徒的神學視角內，認識到）：默西亞耶穌「所承受的名字既然超越眾天使的名字，所以他遠超過眾天使之上」（希〔來〕一4）。《若望福音》獨出心裁，首先引入了一位非受造的神性基督的可能性，並使這個概念成為第二聖殿猶太教神學爭論的一部分。這個目標藉由思考神性、非受造的聖言／智慧（*logos/sophia*）而達成。這種思考對猶太默西亞主義並非完全是外來的，因為人們相信，默西亞將宣講天主的聖言，是天上智慧的揭示者（依十一1-5）。換而言之，只有當《若望福音》最終使耶穌成為非受造的，以及默西亞被理解成血肉的非受造「聖言」的時候，耶穌才成了天主。這不是將一位猶太先知變形為異教徒的天主，如凱西所主張的；而是透過利用猶太默西亞範式的豐富多樣性與猶太一神教的動態本質，將一位猶太先知和默西亞宣稱者變形為猶太教的天主。

但這並不是保祿的思想。保祿思想的中心是順服的、屬天的天主子的寬恕使命，不是他——作為非受造的神性顯現的道成肉身——與天父的平等性。在保祿將耶穌視為神性和受造的默西亞的觀點中，他和同時代的其他猶太人一樣，是完全的一神論者；但其一神論的程度不及後期基督宗教從根本上所重新定義的一神教，因為後期基督宗教將耶穌視為神性的和非受造的默西亞。

---

22. 雖然從語法上講，羅九5可能稱耶穌為天主，保祿書信中沒有其他篇章支持這個主張。保祿總是在他的光榮頌的結尾讚美天主父：「他是在萬有之上，世世代代應受讚美的天主！」參戈登·菲（Gordon Fee）的仔細分析：*Pauline Christology: An Exegetical-Theological Study* (Peabody, MA:Hendrickson, 2007), 272-77。

耶穌為「寬恕」而死

　　除了亞當和新亞當（耶穌）之間的對應，使保祿在最早的耶穌運動中脫穎而出的，是他強調聖子本質上藉由自己的死亡，實現了寬恕的使命。經歷耶穌的死亡，對門徒們而言必是一種創傷。王國並未如他們所期待的那樣來臨（「我們原指望他就是那要拯救以色列的」，路廿四21）。門徒們在恐懼中四散。但這還不是運動的結束。

　　默西亞受苦和死亡的觀念，對猶太傳統並不陌生。耶穌的首批追隨者們堅定地相信，圍繞耶穌受難和死亡的事件已由聖經預告，即使他們一開始缺乏這種理解：「無知的人哪！為信先知們所說的一切話，你們的心竟是這般遲鈍！」（路廿四25）

　　在耶穌死後，天主將其從死者中復活，親自為他辯護。耶穌如今在天堂，等待作為審判者的最後顯現。斯德望的演講將在地上受到暫時貶抑後又被舉揚的耶穌與《達尼爾書》和〈哈諾客寓言集〉的人子重新聯繫起來：「斯德望卻充滿了聖神，注目向天，看見天主的光榮，並看見耶穌站在天主右邊，遂說道：『看，我見天開了，並見人子站在天主右邊』。」（宗七55-56）復活是必要的，好讓耶穌能重獲其地位，完成人們所相信的其作為默西亞的任務。耶穌「必須留在天上，直到萬物復興的時候；對此，天主藉著他古聖先知的口早已說過了」（宗三21）。如博亞林所正確指出的：「舉揚和復活的經驗是敘事的結果，而不是敘事的原因。」[23]

　　對耶穌為何死亡的解釋，也是敘事的結果。因為默西亞

在地上的中心任務是罪的寬恕,耶穌的首批追隨者自然一開始就將其死亡解釋為與罪的寬恕有關;死亡是其使命中的必要一步。

「基督照經上記載的,為我們的罪死了」(格前十五3),這不完全是保祿的觀念。這種觀念可在以下經文中找到:《瑪竇福音》(「這是我的盟約之血,[24]為大眾傾流,以赦免罪過」,瑪廿六28)、《希伯來書》(「並且按照法律,幾乎一切都是用血潔淨的,若沒有流血,就沒有赦免」,希九22),以及《伯多祿前書》(「因為基督也曾一次為罪而死,且是義人代替不義的人,為將我們領到天主面前」,伯前〔彼前〕三18)。

保祿書信為以下觀念提供了最早的證據,即:耶穌的死亡的確是一場祭獻,耶穌是祭獻的犧牲。「因為我們的逾越節羔羊基督,已被祭殺作了犧牲」(格前五7)。這個觀念在以下經文中重複:《伯多祿前書》(「該知道:你們不是用能朽壞的金銀等物,由你們祖傳的虛妄生活中被贖出來的,而是用寶血,即無玷無瑕的羔羊基督的寶血」,伯前一18-19),以及《若望福音》藉洗者若翰之口(「看,天主的羔羊,除免世罪者!」,若一29),讓耶穌像在聖殿祭殺的羔羊一樣,在同一天以同樣方式死去(「這些事發生,正應驗了經上的話說:『不可將他的骨頭打斷』」,若十九36)。與此一致的是,在《默示錄》(啟示錄)第五章的天主的顯現中,站在天主寶座旁

---

23. Boyarin, *The Jewish Gospels*, 160.
24.「這是我的盟約之血」:按作者原文譯出;新約希臘文原文亦與此一致。思高聖經譯為「這是我的血,新約的血」——譯注。

的人子現在被描繪成被宰殺的羔羊，他的寶血為天主救贖了「從各支派、各異語、各民族、各邦國中」的聖者（默五9）。

保祿的思想強調了基督使命的祭獻性維度，以致於除了耶穌在十字架上的死亡，其福傳和教導幾乎沒有甚麼留下來。在保祿書信中，耶穌很特別，是少言寡語的人，而且他說的那些話中，沒有一句關涉罪的寬恕。默西亞的死亡似乎是真正重要的唯一行為。

保祿本不認識歷史上的耶穌，但他所重複的主張——即耶穌的死亡是默西亞的中心使命——無法僅用傳記體語言來解釋，彷彿這主張是因保祿對耶穌教導的無知所致。保祿對耶穌死亡的強調，凸顯這一事件的恩寵性和天主的主動性。耶穌為不虔敬者而死、為罪人而死：

> 當我們還在軟弱的時候，基督就在指定的時期為不虔敬的人死了。為義人死，是罕有的事：為善人或許有敢死的；但是，基督在我們還是罪人的時候，就為我們死了，這證明了天主怎樣愛我們。現在，我們既因他的血而成義，我們更要藉著他脫免天主的義怒，因為，假如我們還在為仇敵的時候，因著他聖子的死得與天主和好了；那麼，在和好之後，我們一定更要因著他的生命得救了。不但如此，我們現今既藉著我們的主耶穌基督獲得了和好，也必藉著他而歡躍於天主。（羅五6-11）

這樣的強調是一份邀請，邀請人去探討引領保祿定義其神學中的這個因素以及其他獨特因素的特殊情境，並且不是作為其論述的開端，而是一段漫長旅程的結語。這段旅程

遠在耶穌的教導之前，就已開始於猶太默示論；也遠在保祿成為外邦人的宗徒之前，就已開始於早期耶穌運動。如此說來，不僅「在猶太教內」解讀保祿，也要「從猶太教內」解讀保祿，這樣會將他的思想體系理解為先前諸默示體系的演變和發展。

結語

保祿是猶太人，且一直都是猶太人。他沒有離開猶太教。他加入了猶太默西亞和默示運動。運動的參加者相信耶穌是「在地上有權柄赦罪」的「人子」（谷二10、瑪九6、路五24），並在耶穌死後，將他們自己看作宗徒，受到召叫，繼續耶穌的使命。保祿的基督論沒有顯著背離對觀福音的基督論。耶穌是最後的審判者，來到世上，使悔改的罪人成義。這個新信仰在成為對外邦人的使命之前，對保祿是個人的事情。他領了洗，對他自己和對耶穌運動的所有其他成員（猶太人和外邦人）一樣，洗禮意味著同一件事：成義——即在最後審判迫近時，過去的罪的寬恕。

然而，在保祿的基督論中，有兩個獨特的因素：與亞當的對應（耶穌是順服的兒子，與不順服的兒子形成對比），以及對基督的祭獻的強調（寬恕呈現為基督死亡的結果，藉由他的血實現，沒有提到他的教導和言語）。這兩個因素表明，默示性的保祿渴望從一方面將基督的來臨與惡的起源的創世論直接聯繫起來，從另一方面強調這一事件的恩寵性。天主不再是消極的。聖子的使命不只是在最後一分鐘解脫了悔改罪

人的困境，它有更深的宇宙意涵。它是天主對惡的問題的確定回答，是天主對惡的力量的勝利。

第七章

因信成義，因行受審

作為保祿神學核心的因信成義

按照傳統路德宗對保祿的解讀，因信成義（justification by faith）[1]是保祿神學的核心，直接影響其對天主的最後審判的理解。路德宗成義觀的基礎是奧斯定的觀念，即人完全無法做任何可以決定或影響他／她的救恩的事情。原罪已完全摧毀人的自由。在這些基礎上，路德建構了其「唯獨恩典」（*sola gratia*）的教義。法律規定了人們應當做的，但因為原罪，任何人都無法遵守誡命。法律僅僅提供了對罪的知識，並最終引向定罪，而救恩只能是來自天主的仁慈之恩的結果。就連善行也是恩寵的結果，不能以任何方式理解為救恩的要求。「罪人不能行善，只能賴天主的恩寵，藉由對耶穌基督的信仰而成義」[2]。基督宗教的「優越性」正在於以下事

---

1. Justification by faith：天主教稱為「因信成義」，路德宗及其他新教教派稱為「因信稱義」──譯注。

實：它是一個以受「唯獨信仰」(*sola fides*)所支持的「唯獨恩典」的教義為基礎的宗教;而猶太教是「次等的」主張行為的宗教,給其追隨者錯誤和傲慢的自我成義的幻想。「因信成義」等同於「因信得救」(salvation by faith)。

在古代猶太文獻以及一或二世紀的基督宗教文獻中,很難找到和保祿的因信成義觀對應的概念。基督宗教學者和神學家的解釋原因是:強調保祿在猶太教的獨特性——「這位宗徒思想的獨立性及其完全脫離猶太教」[3]。的確,如所有當代詮釋者所觀察到的,「猶太教缺少人類的『基本罪性』的教義」。[4] 另一方面,在托馬斯‧托蘭斯(Thomas F. Torrance)看來,保祿在早期耶穌運動內努力要肯定真正的「基督宗教」信息而與反對猶太化者對抗,這也是解釋後期基督宗教文獻「沉默」的足夠有力論據;保祿的信息對他所在的時代如此「超前」,以致於在後保祿傳統中被遺忘,直到奧斯定和路德的「重新發現」[5]。按照菲利浦‧菲爾豪爾(Philipp Vielhauer)的說法,《宗徒大事錄》提供了將保祿的革命性信息正常化的第一個例子,將這位宗徒重塑為一位猶太基督徒,忠於法律,強調法律對猶太人的有效性。[6]

2. Stephen Westerholm, *Justification Reconsidered: Rethinking a Pauline Theme* (Grand Rapids: Eerdmans, 2013), 49.

3. Henry St. John Thackeray, *The Relation of St. Paul to Contemporary Jewish Thought* (London: Macmillan, 1900), 80.

4. Westerholm, *Justification Reconsidered*, 34.

5. Thomas F. Torrance, *The Doctrine of Grace in the Apostolic Fathers* (Edinburgh and London: Oliver and Boyd, 1948).

6. Philipp Vielhauer, "Zum 'Paulinismus' der Apostelgeschichte," *EvT* 10 (1950–51): 1-15. ET: "On the 'Paulinism' of Acts," *Perkins School of Theology Journal* 17 (1963): 5-17.

　　在近幾十年，越來越多的學者逐漸摒棄「成義理論」，認為這是一個晚得多的基督宗教範式強加在保祿身上的。在保祿的思想中，成義不是一個普遍概念，而是他對包容外邦人這一特殊問題的回答。其他學者，比如韋斯特霍爾姆，則努力重新肯定傳統的理解，認為一旦將其最具貶低性的因素淨化，可以將其作為對保祿的唯一合理解釋以及保祿獨特性的證據。「保祿的成義信息……不是試圖解決外邦人特有的需要，而是所有人的需要……因為所有人都是罪人」[7]。

　　討論達到了極化的程度，似乎阻礙了任何對話。奧斯定和路德在對保祿的理解上，或是完全正確，或是完全錯誤；每一方似乎都有一些好的理由支持他們。韋斯特霍爾姆無疑說得很有道理，他注意到：「如果像伯多祿和保祿這樣的猶太人尋求在基督內成義，那麼，他們也一定需要這種成義。」[8]另一方面，支持在猶太教內解讀保祿的人正確地指出了一個事實，即：保祿沒有在任何地方主張妥拉不再有效，或否認猶太教的有效性。「沒有證據表明……保祿在法律上的問題與無法完全遵守法律有關，或法律之所以設立，是為了增加罪惡，好讓恩寵更加豐沛」[9]。

　　雙方都有個弱點，就是不僅沒有傾聽另一方，而且傾向締造一個完全獨一無二的保祿；這位保祿為了保持猶太性，完全孤絕於後期的基督宗教，或者為了保持基督徒的特質，完全孤絕於猶太教。

7. Westerholm, *Justification Reconsidered*, 15.
8. Westerholm, *Justification Reconsidered*, 15.
9. Daniel Boyarin, *A Radical Jew: Paul and the Politics of Identity* (Berkeley: University of California Press, 1994), 156.

但是，假使我們根據〈哈諾客寓言集〉和對觀福音的傳統來解讀保祿，會怎樣？假使我們盡量將他看作第二聖殿默示性猶太人和耶穌默西亞群體的一位追隨者，如我們在前幾章對他所做的形容，會怎樣？惡的起源、人的自由意志，以及罪的寬恕等難題，無疑是保祿思想的中心。然而，如我們已見的，這些不是保祿的難題；這些是第二聖殿猶太教的難題。哈諾客的默示性語境和對罪的寬恕的強調，或許可以讓我們從一個嶄新的視角，重新評估保祿思想中的成義難題。

所有人都「在罪惡權勢之下」

在《羅馬書》中，保祿寫給羅馬的耶穌團體，一個由人——即猶太人和非猶太人——組成的團體，他們承認耶穌是默西亞，領受了洗禮。他們為何這樣做？他們這樣做，和耶穌的所有首批追隨者（包括保祿）都這樣做的原因相同：他們得知，末日已迫近，這是天主即將賜給悔改的罪人的寬恕時刻。保祿知道，他可以在羅馬依賴一些重要的關係，首先是普黎斯加（百基拉）和阿桂拉（亞居拉），他們曾和保祿同在格林多（哥林多）和厄弗所（以弗所）。但《羅馬書》是要寫給非他創立的一個團體。他不得不強調他的福音的獨特因素，但不需要詳細重複他與耶穌的其他追隨者所共有的信仰，一些暗示就足夠了。此世由魔鬼主導，但其權勢的終結時間正迅速臨近。「賜平安的天主就要迅速地，把撒殫踏碎在你們的腳下」（羅十六20）。保祿持有早期耶穌運動的共同信念，即：審判之時，或天主「發顯在人們的各種不敬……上」[10]（羅

一 18）的憤怒之時，正在迫近。這也是主耶穌揭示自己為天
主仁慈中介的時候，這仁慈是「為使一切有信仰的人獲得救
恩，先使猶太人，後使希臘人」（羅一 16）。

　　首先，保祿提醒讀者，按照天主的計畫，猶太人的道德
生活受梅瑟妥拉規範，而外邦人的道德生活受宇宙的自然律
規範。「幾時，沒有〔梅瑟〕法律的外邦人，順著本性去行法
律上的事，他們雖然沒有法律，但自己對自己就是法律。如
此證明了法律的精華已刻在他們的心上，他們的良心也為此
作證」（羅二 14-15）。[11] 保祿不知曉後來的主張妥拉先在性的
拉比觀念。[12] 因為「沒有法律……從亞當起，直到梅瑟」（羅
五 13-14），他不能稱自然律為「諾厄七法」（或諾厄法律），
如拉比們在三世紀時開始做的（Tosefta, *Avodah Zarah* 8[9];
Babylonian Talmud, *Sanhedrin* 56a-57a, *Avodah Zarah* 63a）。
保祿從希臘化猶太教那裏借用了通用的未成文法的觀念，也
借用了其對創世秩序（或智慧）作為天主意志藉以揭示的首要
方式的強調（「自從天主創世以來，他那看不見的美善，即他
永遠的大能和他為神的本性，都可憑他所造的萬物，辨認洞
察出來」，羅一 20）。[13]

　　在肯定了猶太人和外邦人都從天主那裏領受了使他們負
有責任的法律之後，保祿重複了無爭議的第二聖殿時期的信

---

10. 另見思高聖經：「發顯在人們的各種不敬與不義上」——譯注。
11. 對此處經文的引文，作者原文標注為羅二 15，但應為羅二 14-15——譯注。
12. Daniel Boyarin, *A Radical Jew: Paul and the Politics of Identity* (Berkeley:
　　University of California Press, 1994), 156.
13. Gabriele Boccaccini, "The Pre-Existence of the Torah: A Commonplace in Second
　　Temple Judaism, or a Later Rabbinic Development?," *Henoch* 17 (1995): 329-50.

念，即在審判日，天主「要照每人的行為予以報應」（羅二
6）。保祿從未質疑，如果猶太人和外邦人行「善行」（分別遵
循妥拉和他們自己的良心），他們會獲得救恩。作惡者將受到
懲罰，義人將得救，沒有區別。「患難和困苦必加於一切作惡
的人，先是猶太人，後是希臘人；光榮、尊貴以及平安，必
加於一切行善的人，先是猶太人，後是希臘人，因為天主決
不顧情面」（羅二9-11）。

保祿在《格林多後書》（哥林多後書）中重申了這同一個
觀念，並在《羅馬書》的結尾再次重複。「因為我們眾人都應
出現在基督的審判台前，為使各人藉他肉身所行的，或善或
惡，領取相當的報應」（格後五10）。「我們眾人都要站在天
主的審判台前……我們每人都要向天主交自己的賬」（羅十四
10-12）。保祿在其書信中，從未表明對最後審判有除此以外
的理解。

存在「萬民之中的義人」，這一觀念對第二聖殿猶太教並
不陌生。按照〈夢的神視〉，來世將見到人類原初統一體的復
興，以色列和萬民之中的義人將聚集在一起。「所有被毀滅和
驅散〔的羊〕，與田野的所有野獸和天空的所有飛鳥，將一起
聚集在那個家裏，羊的主人極其歡欣喜樂，因為它們都成善
了，回到了他的家」（《哈諾客一書》九十33）。

這個觀念也在非默示性的圈子裏廣泛傳佈。斐羅談及「萬
民之中的義人」，人們「或來自希臘人，或來自野蠻人，他們
踐行智慧，以清白和無可指責的方式生活，決心不行任何不
義之事……他們將整個世界作為自己的出生之城，將所有熱
忱於智慧的人作為自己的同胞公民」（*Spec.* 2.44-45）。他們可

能「人數不多」（*Spec.* 2.47），但他們存在，並將按照自己的行為受到審判。拉比猶太教也對這樣的可能性保持開放。但是，對於拉比們，自然律的最高表達不是梅瑟法律；妥拉先存在，之後才有自然律。「諾厄七法」代替了自然律，成了外邦人救恩的基礎。在二十世紀，邁蒙尼德（Maimonides）將這個觀點表達成一個規範的信念（a normative belief）：「正義的外邦人在來世有份」（Maimonides, *Mishneh Torah*, Laws of Kings 8:11）。

正如人們對一位默示性猶太人和耶穌追隨者會期待的那樣，保祿關注的不是義人，而是罪人。首先，他提醒外邦人，他們也要受審判，即使他們未曾領受妥拉。「刻在他們的心上」的法律（羅二15）足以讓他們為自己的罪負責。「人無可推諉。他們雖然認識了天主，卻沒有以他為天主而予以光榮或感謝」（羅一20-21）。

另一方面，保祿提醒他的猶太同胞，有了梅瑟妥拉，並不會自動將他們所有人都包括在義人內：因為在最後審判中，「在天主前，並不是聽法律的算為義人，而是實行法律的才稱為義人」（羅二13）。身為猶太人不是一種保證，也不意味特殊對待。「如果你遵行法律，割損才有益；但如果你違犯法律，你雖受割損，仍等於未受割損」（羅二25）。保祿不否認，作猶太人有「優點」，因為「天主的神諭是交託給了他們」（羅三1-2），但這不妨礙天主將自己的公義施加在犯罪者身上。保祿接受一個事實，即最後審判是「照每人的行為」（羅二6）。

但有個問題。作為一位默示性猶太人，保祿對惡的權勢

有戲劇性的理解。在他看來，這不僅是外邦問題，而是普遍的問題。這引出保祿的中心論點：「不論是猶太人，或是希臘人，都在罪惡權勢之下」（羅三9）。為了證明這一點，保祿引用了一系列的聖經經文，或者不如說，他精心製作了一個由不同聖經經節（從《聖詠集》（詩篇）到《依撒意亞》）（以賽亞）組成的混合引文（羅三10-18）：「不論是猶太人，或是希臘人，都在罪惡權勢之下，正如經上所載：『沒有義人，連一個也沒有；沒有一個明智人，沒有尋覓天主的人』。」（羅三9-11）

這段經文在傳統上被解釋為不是單純地承認所有人都犯了罪，而是一個總的聲明，斷言人無法行善。結果是，「保祿宗徒和奧斯定、路德以及加爾文想法一樣……罪人無法行善，只能藉由對耶穌基督的信仰，由天主的恩寵成義」[14]。

如此，基督宗教的解釋反轉了論述的順序。引文成了保祿論證的中心，儘管文本強調的不是引文（羅三10-18），而是引文想要證明的論斷（三9）。保祿的觀點不是：所有人都是罪人，如他們都處在罪惡權勢之下這一事實所證明的；保祿的觀點是：猶太人和外邦人都同樣受惡影響（「在罪惡權勢之下」），如每人都犯罪這一事實所證明的。其目的是要表明，罪是猶太人和非猶太人的普遍經驗，沒有人可以聲稱不受惡的影響。

沒有人沒有罪，這一認識在希伯來聖經（訓〔傳〕七20：「世上沒有一個只行善，而不犯罪的義人」）中常見。這一認

---

14. Westerholm, *Justification Reconsidered*, 48-49.

識也在耶穌的教導中常見，是一長列言語（*logia*）的基礎，從「先取出你眼中的大樑，然後才看得清楚，以便取出你兄弟眼中的木屑」（路六42），到「你們中間誰沒有罪，先向她投石罷！」（若八7）《馬爾谷福音》走得更遠，把同樣的規則用在耶穌本人身上：「耶穌對他說：『你為甚麼稱我善？除了天主一個外，沒有誰是善的』。」（谷十18）每位第二聖殿猶太人都會同意這個概念。問題不是人的罪性，而是這種境況的可能影響和補救方法。

　　所有人都「在罪惡權勢之下」，這一事實是否意味著，每個人都有罪，以致無人能通過審判？耶穌的追隨者遵循了耶穌不要判斷的誡命，很樂意把答案留給天主，害怕受到同樣尺度的衡量：「你們不要判斷人，免得你們受判斷，因為你們用甚麼判斷來判斷，你們也要受甚麼判斷；你們用甚麼尺度量給人，也要用甚麼尺度量給你們。」（瑪七1-2；參路六37-38）保祿雖然不寬容團體內的不道德（「你們務要把那壞人從你們中間剷除！」，格前五13），卻也提醒格林多人，最後的審判屬於天主（「教外的人，自有天主審斷他們」，格前五13）。學者們很久以前就注意到，在保祿的思想中，在「基督宗教」的因信成義觀念與「猶太教」的按各人行為審判的觀念之間，存在一定張力。如果每個人都是罪人，「不是由於遵行法律，而只是因著對耶穌基督的信仰」成義（迦二16），那麼，在前面幾行經文中所肯定的天主在最後審判時，「要照每人的行為予以報應」（羅二6），又有何意義？

　　我們不能乾脆忽略這個問題，得出結論說，保祿關於惡的教導前後矛盾，或者，「照每人的行為」審判的論斷應被當

作無意義的猶太教殘餘,由新的基督宗教教義取代。主張保祿關於因信成義的言語只適用外邦人,而按每人的行為審判針對的是受妥拉約束的猶太人,這可能是一個吸引人的解決方案,但保祿在這個問題上,並沒有作出猶太人與外邦人的區分。

桑德斯提供了最成功的模式,將這兩個觀念調和在「盟約依法主義」的概念之下——在猶太教和基督宗教思想中,得救都是藉由恩寵,但需要「行為」來「持守其中」——所以並不衝突或矛盾。在以行為為基礎受審判,並在審判時(或此生)受到賞或罰,與因天主仁慈的揀選而得救之間作出區分,是拉比文學的普遍觀點。「因恩寵得救與因行為受賞罰不是不相容的。」[15] 肯特‧英格爾(Kent L. Yinger)同意桑德斯的觀點,得出同樣的結論:此處沒有衝突或矛盾,因為按行為受審判「與其說決定了人的品格和狀態,不如說揭示了人的品格和狀態是正義的還是邪惡的」[16]。這裏的設定仍然是:因信成義和因行為得救,應對的都是為了永生正義的最後裁決。

但在默示性猶太人(比如耶穌的早期追隨者)的理解中,盟約依法主義的觀念因他們對惡的超凡權勢的信念而複雜化了。成義和救恩不是同義的。哈諾客人不會否認,救恩從最終意義上講,是恩寵的行動,但他們的宇宙性的惡(cosmic evil)的教義在〈哈諾客寓言集〉中暗含了對悔改罪人的額外

---

15. E. P. Sanders, *Paul and Palestinian Judaism: A Comparison of Patterns of Religion* (London: SCM, 1977), 517.
16. Kent L. Yinger, *Paul, Judaism, and Judgment according to Deeds* (Cambridge: Cambridge University Press, 1999), 16.

恩寵和寬恕的期待。根據這些默示性前提，耶穌的早期追隨者相信，這種因信成義的額外之恩，已在末日迫近時，提供給那些接納耶穌為默西亞的人。最後審判將按照每人的行為決定，但耶穌受派遣是為使罪人成義，因為「人子在地上有權柄赦罪」（谷二10、瑪九6、路五24）。

與此一致的是，保祿以和〈哈諾客寓言集〉與對觀福音傳統相似的語言，提醒他的讀者（既有猶太人，也有非猶太人）：末日不只是天主報復的時間，也是天主的仁慈邀請罪人悔改的時間。「難道你不知道：天主的慈愛是願引你悔改？」（羅二4）悔改的罪人將被寬恕，而不悔改者，或那些「固執而不願悔改」的人，只是在天主忿怒的那一天，為自己積蓄忿怒（羅二5）。

從默示性視角看，在因信成義和因行得救之間，沒有矛盾。如在哈諾客文學中所呈現的，問題不是法律，而是惡的權勢。作為一位默示性猶太人和耶穌的追隨者，保祿知道，惡不僅是人的過犯的後果，也是天上的悖逆的結果。這使行善變得艱難（雖然不是不可能），因為行善不單純是人的選擇的問題。使人遭害和壓迫人的宇宙性的惡的現實，妨礙了人選擇善的能力。一些默示性猶太人對此給與回應，聲稱宇宙性的惡只是外邦人的問題，因為猶太人受盟約保護。但這不是保祿的立場。他堅決支持〈夢的神視〉，反對《禧年之書》，支持宇宙性的惡影響了所有人的觀點（「不論是猶太人，或是希臘人，都在罪惡權勢之下」，羅三9），反對猶太人受到保護，不受惡的影響的觀點。唯一的好處是「法律只能使人認識罪過」（羅三20）。

保祿的福音

但是，在保祿的思想中，特別強調了一點。在他看來，耶穌不單純是天主的寬恕使者和中介，也是天主對惡的傳佈的解答。天主的恩寵已藉著耶穌來臨，好抵消宇宙性的惡的權勢，恢復天主與人之間的關係——所有人，猶太人和非猶太人都包括在內：「毫無區別……因為所有的人都犯了罪，都失掉了天主的光榮，所以眾人都因天主白白施給的恩寵，在耶穌基督內蒙救贖，成為義人。這耶穌即是天主公開立定，使他以自己的血，為信仰他的人作贖罪祭的。」（羅三22-25）

末世的寬恕之恩是完全仁慈的。它「在法律所規定的行為之外」被賜予（因為它不依賴人對法律的服從），沒有分別地賜給猶太人和外邦人，因兩者都受惡的影響，並透過同樣的要求生效，即「對基督的信仰」：「〔天主〕使受割損的由於信德而成義，也使未受割損的憑信德而成義。」（羅三30）保祿立即澄清，這不是對法律的挑戰；相反，這肯定了法律本身所主張的。「那麼我們就因信德而廢了法律嗎？絕對不是！我們反使法律堅固」（羅三31）。這之所以發生，不僅因為聖經肯定了天主有「因信」寬恕罪惡的權能（如亞巴郎的例子所證明的），也因為在保祿看來，基督的死恢復了人因亞當的罪而失去的自由，從而確認了盟約與法律。

亞當與耶穌之間的對應是保祿基督論的中心，也是保祿成義觀的基礎。這種對應使他也在惡的超凡起源與藉由基督的寬恕之恩之間，建立起關聯和對應。

在《創世紀》中沒有魔鬼；蛇是「在上主天主所造的一

切野獸中……最狡猾的」動物（創三1）。蛇可能是誘惑者，無疑犯了罪，但惡被歸於亞當的自由意志。蛇和亞當都受到了懲罰。最早的默示傳統也沒有將亞當之罪與魔鬼聯繫在一起。惡因為天使的宇宙性反叛而傳佈，發生在「『下去』〔Yared〕的日子」（《哈諾客一書》六6），因此是在亞當之後的幾代。隨著時間過去，事情改變了。在〈哈諾客寓言集〉六九6中，「引厄娃入迷途」的蛇，現在明確地被等同為墮落天使之一「加得利耳」（Gadreel）。而且，在《默示錄》中（十二9、廿2），甚至在《亞當與厄娃生平》中更明確，提到了古代的蛇是偽裝的「魔鬼或撒殫」。

保祿沒有在任何地方將亞當的罪與魔鬼或魔鬼似的中介的誘惑聯繫在一起，但因他是耶穌運動的成員，很難想像他不這樣想。他相信惡的超凡起源，相信魔鬼的臨在。保祿知道，衝突本質上是在天主與魔鬼之間。魔鬼是「今世的神」（格後四4）。而「賜平安的天主就要……把撒殫踏碎在你們的腳下」的時間已經臨近（羅十六20）；這是一個預言，直接回應創三15對「古代的蛇」的詛咒（女人的後裔「要踏碎你的頭顱」）。

天主與撒殫之間的衝突，直接影響了天主的兩個兒子。不順服的兒子亞當和魔鬼站在一邊；順服的兒子耶穌和天主站在一邊，反對魔鬼（「基督之於貝里雅耳，那能有甚麼協和？」，格後六15）。這使保祿在惡與恩寵，或亞當的墮落與耶穌的「白白的禮物」之間，建立起一個方便的對應，並給基督的使命賦予了宇宙維度。耶穌不單純是受派遣作寬恕者的默西亞；而是天主的恩寵，藉由耶穌抵消了宇宙性的惡的權

勢，恢復了天主與人之間的關係：「就如因一人的過犯，眾人
都被定了罪；同樣，也因一人的正義行為，眾人也都獲得了
正義和生命。正如因一人的悖逆，大眾都成了罪人；同樣，
因一人的服從，大眾都成了義人。」（羅五18-19）

這是否意味著，亞當所有的後裔都是邪惡的？不必如
此。保祿迅速地從「所有人」轉向了「許多人」[17]。「所有
人」（*pantes anthropoi*）因亞當的墮落，在罪惡權勢之下，被
引向定罪，但只有「許多人」（*hoi polloi*）被認為是「罪人」。
正如因基督賜給所有人的成義之恩而「變得正義」的那些人，
不是「所有人」，而是「許多人」一樣。

反諷的是，桑德斯（以及其他詮釋者）注意到從「所有人」
到「許多人」的強調上的轉移，卻只是為了否認，保祿的意
思是「所有人都將得救」[18]。亞當／耶穌的類比暗含罪與恩寵，
以及罪人與義人之間的完美對應。正如恩寵影響了所有人，
但不是所有人都是「正義的」，對罪來說也是一樣。罪影響了
「所有人」，但只有「許多人」是「罪人」。所有人都在罪惡
權勢之下，但不是所有人都是罪人，正如每個人現在都在恩
寵權能之下，但並非所有人都會得救。

與哈諾客的整個默示傳統一致，保祿從未主張：人已失
去了自由意志，如今徹底不能行善。他從未否認過梅瑟妥拉
和自然律的聖潔和有效，也沒有暗示其失敗。相反，他重申
了梅瑟妥拉和猶太盟約的聖潔和公義，這些是在人類墮落之
後，被作為限制惡的傳佈的療方，賜給了人類。由於梅瑟，

17.「許多人」：思高聖經譯為「眾人」——譯注。

18. Sanders, *Paul and Palestinian Judaism*, 473.

猶太人領受了對墮落的完全認識（羅三10），以及關於默西亞來臨的預言。必須受到譴責的是罪，而不是妥拉：

> 所以法律本是聖的，誡命也是聖的，是正義和美善的。
>
> 那麼，是善事使我死了嗎？絕對不是！而是罪惡。罪惡為顯示罪惡的本性，藉著善事為我產生了死亡，以致罪惡藉著誡命成了極端的兇惡。
>
> 我們知道：法律是屬神的，但我是屬血肉的，已被賣給罪惡作奴隸。因為我不明白我作的是甚麼：我所願意的，我偏不作；我所憎恨的，我反而去作。我若去作我所不願意的，這便是承認法律是善的。實際上作那事的已不是我，而是在我內的罪惡。……
>
> 因為照我的內心，我是喜悅天主的法律；可是，我發覺在我的肢體內，另有一條法律，與我理智所贊同的法律交戰，並把我擄去，叫我隸屬於那在我肢體內的罪惡的法律。我這個人真不幸呀！誰能救我脫離這該死的肉身呢？（羅七12-17、22-24）

是這種受罪支配的境況，而不是「聖潔」妥拉的內在缺陷，使得保祿去做〈哈諾客寓言集〉已經做過的，即：不僅（按天主的公義）英勇地忠誠於法律，從而為「少數」義人尋求希望，也在天主的仁慈干預下，為「許多」罪人尋求希望，因天主的仁慈是「在法律之外」（和天主的公義之外）的罪的寬恕的白白禮物。「但是如今，天主的正義，在法律之外已顯示出來；法律和先知也為此作證：就是天主的正義，因

對耶穌基督的信德……賜給了凡信仰的人」（羅三21-22）。

對基督的信德和遵行法律，不是相互排斥的救恩之路。猶太教被理解為遵行法律的宗教，沒有甚麼不對。基督的來臨沒有取代、而是補充了妥拉之恩。法律是在罪惡權勢之下賜予的，以譴責惡的臨在，好讓義人能得救，不義的人被定罪：「凡是依恃遵行法律的，都應受咒罵，因為經上記載說：『凡不持守律書上所記載的一切，而依照遵行的，是可咒罵的』。」（迦三10；參申廿七26）天主是仁慈的，「不會以惡人的死亡為樂」。歡迎罪人改變自己的生命；他們所有的過失都會被仁慈地寬恕──「若惡人悔改，遠離所犯的罪過，遵守我的法度，遵行我的法律和正義……他所行的一切邪惡必被遺忘；他必因所行的正義而得生存」（則〔結〕十八21-22）。[19] 然而，法律譴責那些不遵守其規定的人。對不「遵守我的法度」和不「遵行我的法律和正義」的罪人，罪的寬恕是不同的問題，是法律無法賦予、也不該期待的：「沒有一個人能憑法律在天主前成義」（迦三11；參迦二16及羅三20）。

現在，在恩寵的權能下，在末日迫近時，一個額外的禮物──寬恕──賜給了信仰基督的罪人。「基督由法律的咒罵中贖出了我們，為我們成了可咒罵的」（迦三13）。在基督內的成義是一個末世機會，甚至賜給那些不義且沒有力量改變自己的生命、在法律的詛咒之下的人。這不只是仁慈的行動，而是恩寵的行動，是「天主白白施給的恩寵，藉由耶穌基督的救贖；這耶穌即是天主公開立定，使他以自己的血……

19. 作者原文標注為則十八21-23，但應為則十八21-22──譯注。

作贖罪祭的」（羅三24-25）。正如罪來自「法律之外」（「沒有法律之前，罪惡已經在世界上」，羅五13），天主不得不對一個極端不幸的境況作出回應，以「法律之外」的仁慈這一極端行為抵消魔鬼的行為：「當我們還在軟弱的時候，基督就在指定的時期為不虔敬的人死了。為義人死，是罕有的事：為善人或許有敢死的；但是，基督在我們還是罪人的時候，就為我們死了，這證明了天主怎樣愛我們。現在，我們既因他的血而成義，我們更要藉著他脫免天主的義怒。」（羅五6-9）

因亞當之罪，「死亡」傳遍了世界；如今，「生命」因耶穌的順服而傳佈。「因為死亡既因一人而來，死者的復活也因一人而來；就如在亞當內，眾人都死了，照樣，在基督內，眾人都要復活……第一個人亞當成了生靈。最後的亞當〔耶穌〕成了使人生活的神」（格前十五21-22、45）。

沒有惡的超凡傳佈的默示性觀念，保祿的整個教導就沒有意義，因為耶穌的（積極）行動形成於亞當的（消極）行動之後。「正如因一人的悖逆，大眾都成了罪人；同樣，因一人的服從，大眾都成了義人」（羅五19）。

既然惡已經擾亂了宇宙的良善秩序，恩寵是注射進世界靜脈中的解毒劑，好創造出抗體，抵抗疾病。末日尚未來臨，但此處此時，人不再孤獨和沒有希望。健康者（義人）不再活在恐懼之中，病者（罪人）不再活在絕望之中。醫生已經來了。「罪惡在那裏越多，恩寵在那裏也越格外豐富，以致罪惡怎樣藉死亡為王，恩寵也怎樣藉正義而為王，使人藉著我們的主耶穌基督獲得永生」（羅五20-21）。

基督的恩寵有宇宙性意涵。它標誌著反轉了由惡的權勢

所引起的、影響整個宇宙的逐漸敗壞。整個受造界渴望「天主子女的顯揚」。「受造之物被屈伏在敗壞的狀態之下……都一同歎息，同受產痛」，不是因為自己的過失，而是因為魔鬼力量的反叛（「並不是出於自願，而是出於使它屈伏的那位的決意」）。時候已經來臨，那時「受造之物……脫離敗壞的控制，得享天主子女的光榮自由」（羅八19-22）。

保祿思想中關於成義和救恩的整個爭論，仍然受到後期基督宗教神學體系過多的影響，這個體系肯定了人普遍無法行善。但保祿不是奧斯定的門徒。作為一位默示性猶太人和耶穌的追隨者，保祿主張：罪的寬恕是默西亞耶穌為猶太人，同樣也為外邦人，所取得的主要成就；他在宇宙大戰中，和魔鬼似的力量戰鬥，並且贏了。成義給罪人（猶太人和外邦人）提供了一個解毒劑，或者至少一個很需要的救濟，以對抗宇宙性的惡的壓倒性權勢，一個給與無望的人們的第二次機會。他們曾是「敵人」，但基督為他們而死。將〈哈諾客寓言集〉的語言進行意譯，那些領受了洗禮的猶太和外邦罪人，將自己置於曾經是罪人，但如今是悔改的罪人，因天主的仁慈成義的「其他人」之間。按照天主的公義，他們「沒有榮耀」（沒有功德或善行）可以主張，但賴天主的仁慈，得以成義。

問題不是在面臨迫近的審判時，任何人（猶太人或外邦人）如何能找到救恩，也不是外邦人如何能找到救恩；保祿的問題是：罪人如何能找到救恩？對於他們，因信成義（罪的寬恕）是在末日迫近時，白白賜給他們的第二次機會。所有的耶穌首批追隨者（包括保祿）有個共同的信念，即耶穌「不是來

召義人，而是召罪人」（谷二17、瑪九12-13、路五31-32）。對於保祿，罪人包括猶太人和外邦人，以色列家迷失的羊，以及萬民之中迷失的羊。

　　早期哈諾客文學陰鬱的「抱怨神學」，如今成了遙遠的記憶；一個明亮的希望誕生於這神學的灰燼中。保祿作為這個寬恕信息的先驅，激動不已。這個福傳使命甚至比梅瑟的還要偉大。拯救義人的法律只能給罪人定罪。在基督內的寬恕，甚至具有可以使罪人成義的權能：「如果先前定罪的職務有過光榮，那麼，成義的職務更該多麼充滿光榮！」（格後三9）。

成義者是否也得救？

　　教會的成員不是正義的人們，而是悔改的罪人（猶太人和外邦人），他們因對基督的信仰而成義，從而變得正義。在最後審判時，他們會如何？

　　桑德斯（和卡爾‧唐弗里德〔Karl Donfried〕）注意到，按保祿的話，人們因信「已經」成義，但「將要」因行為得救（羅五9-10、羅十三11、得前五8、格前一18）。[20] 從耶穌運動成員的觀點看，因信成義屬於過去，而按每人的行為審判屬於將來。但桑德斯將這個語言表達解釋為一個普遍進程的證據，透過這個進程，所有人（猶太人和外邦人）因恩寵得救（因為他們被包括在基督的新約內），在最後審判中，因展

---

20. Sanders, *Paul and Palestinian Judaism*, 516; Karl Donfried, "Justification and Last Judgment in Paul," *ZNW* 67 (1976): 90-110.

示他們「持守其中」的意願的善行而得到肯定:「因此,保祿的主要觀點似乎是:基督徒在信仰中得到潔淨和堅立,並應保持如此,好在上主之日無可指摘……保祿認識到,不是每一個人都一直持守潔淨的狀態。」[21]

如克里斯・萬蘭丁哈姆(Chris VanLandingham)所注意到的,這種解釋的問題在於:它將因信成義「和信教者將在最後審判時領受的無罪裁決」聯繫在一起。但因信成義「描繪了在一個人的基督徒經驗一開始時所發生的,而不是最後所發生的……它描繪了人得到罪的寬恕,從罪的權勢下解放出來」[22]。很明顯,對於罪人,因信成義是通往救恩的道路;按照保祿的說法,「福音正是天主的德能,為使一切有信仰的人獲得救恩,先使猶太人,後使希臘人」(羅一16)。然而,因信成義不是因信得救。保祿頭腦裏想的不是所有人的命運,而是罪人的命運。對於保祿來說,和對耶穌的所有首批追隨者一樣,藉由洗禮已領受的是對罪人過去的罪的寬恕;這些罪人已經悔改,並接受了人子的權威。

保祿相信:所有那些在基督內「因信成義」的人將加入義人的行列,也將在最後審判時按各人行為「得救」。「我們既因他的血而成義,我們更要藉著他脫免天主的義怒」(羅五9)。

保祿的信任首先在於天主:「我時時為你們,對天主在基督耶穌內所賜與你們的恩寵,而感謝我的天主……天主必要

---

21. Sanders, *Paul and Palestinian Judaism*, 452.
22. Chris VanLandingham, *Judgment & Justification in Early Judaism and the Apostle Paul* (Peabody, MA: Hendrickson, 2006), 17.

堅固你們到底，使你們在我們的主耶穌基督的日子上，無瑕可指」（格前一4、8；參斐一6）。「願賜平安的天主親自完全聖化你們，將你們整個的神魂、靈魂和肉身，在我們的主耶穌基督來臨時，保持的無瑕可指：那召你們的是忠信的，他必實行」（得前五23-24）。「天主是忠信的，他決不許你們受那超過你們能力的試探」（格前十13）。但保祿的信任也在於那些已領受了寬恕之恩的人，相信他們能夠踐行善行，保持無瑕可指，因為他們不再身處罪的權勢之下。

保祿告訴斐理伯人：「我所祈求的是：願你們的愛德日漸增長，滿渥真知識和各種識見……為叫你們直到基督的日子，常是潔淨無瑕的，賴耶穌基督滿結義德的果實，為光榮讚美天主。」（斐一9-11）保祿邀請他們「成為無可指摘和純潔的，在乖僻敗壞的世代中，做天主無瑕的子女；在世人中你們應放光明，有如宇宙間的明星，將生命的話顯耀出來，使我到基督的日子，有可自誇的，那我就沒有白跑，也沒有徒勞」（斐二15-16）。

不只是過去的罪（「罪」為複數形式）已得到寬恕，而且，在這個邪惡的世代，領洗者已「脫離罪惡，獲得了自由」（「罪惡」為單數形式，羅六18、22）。保祿向迦拉達人保證：「主耶穌基督……為我們的罪惡捨棄了自己，為救我們脫離此邪惡的世代」（迦一3-4），如今他們活在「基督內」，由聖神協助：「我們所領受的，不是這世界的精神，而是出於天主的聖神，為使我們能明瞭天主所賜與的一切。」（格前二12）保祿期待信教者結出大量的善行（「仁愛、喜樂、平安、忍耐、良善、溫和、忠信、柔和、節制」，迦五22-

23），並保持「無瑕可指」。畢竟，他們已領受了這麼多，而末日之前的時間如此短促，不是嗎？

　　但再次，因信成義不等於最後審判時的得救。對於罪人，被寬恕了過去的罪，脫離了惡的權勢，是通往救恩道路上的重要一步，但不是最後審判時未來救恩的保證，那時只有行為會被評估。成義不是罪的保險，或準備好在任何時候都可以填寫的銀行支票。儘管保祿（過於）相信一個幸福的結局，還是發現自己得提醒讀者和作為耶穌追隨者的同伴，結局尚未得到保證。「我們幾時住在這肉身內，就是與主遠離……因為我們眾人都應出現在基督的審判台前，為使各人藉他肉身所行的，或善或惡，領取相當的報應」（格後五6-10）。以一種相似於《瑪竇福音》和《路加福音》中不忠信僕人的比喻的方式，保祿警告領洗者：在得到了對過去的罪的寬恕之後，現在他們的目標是要「在我們的主耶穌基督的日子上，無瑕可指」（格前一8）。他們已領受的仁慈並不取消天主的公義：「可見天主又慈善又嚴厲：天主對於跌倒了的人是嚴厲的，對於你卻是慈善的，只要你存留在他的慈善上；不然你也必要被砍去。」（羅十一22）

　　「因信」脫離宇宙性的惡是重要一步，但尚不夠：「弟兄們[23]，你們蒙召選，是為得到自由；但不要以這自由作為放縱肉欲的藉口，惟要以愛德彼此服事。因為全部法律總括在這句話內：『愛你的近人如你自己』……你們若隨聖神的引導行事，就決不會去滿足本性的私欲……我以前勸戒過你們，如

---

23. 作者原文是「兄弟姐妹們」。新約希臘文原文為「弟兄們」，如思高聖經所　　譯——譯注。

今再說一次：做這種事的人，決不能承受天主的國。」（迦五13-21）

擁有聖神是一種祝福和「保證」[24]（格後五5），但也是巨大的責任：「你們不知道，你們是天主的宮殿，天主聖神住在你們內嗎？誰若毀壞天主的宮殿，天主必要毀壞他，因為天主的宮殿是聖的，這宮殿就是你們。」（格前三16-17）「你們該考查考查自己，是否仍活在信德裏，你們要考驗考驗自己！」[25]（格後十三5）

這不是限於萬民中的罪人的信息。猶太人保祿的個人經驗表明，因信成義賜給了所有罪人（猶太人和外邦人），按各人行為的同樣審判等待著所有人。保祿從「你們」轉向了「我們」：「我們眾人都應出現在基督的審判台前」（格後五10）；「我們眾人都要站在天主的審判台前……我們每人都要向天主交自己的賬」（羅十四10-12）。對斐理伯人，保祿變得甚至更加個人化，聲明說，他的個人境況沒有甚麼不同：「並非藉我因守法律獲得的正義，而是藉由於信仰基督獲得的正義，即出於天主而本於信德的正義。」（斐三9）這沒有讓保祿自動得救：

我只願認識基督和他復活的德能，參與他的苦難，相似他的死，我希望也得到由死者中的復活。

這並不是說：我已經達到這目標，或已成為成全的人；我

24.「保證」：按作者原文。思高聖經譯為「抵押」──譯注。
25.「活在信德裏」：按作者原文。思高聖經作「站在信德上」。兩者是對同一希臘文原文的不同譯法（或可譯為「持守信德」）──譯注。

只顧向前跑，看看是否我也能夠奪得，因為基督耶穌已奪得了我。弟兄們！我並不以為我已經奪得，我只顧一件事：即忘盡我背後的，只向在我前面的奔馳，為達到目標，為爭取天主在基督耶穌內召我向上爭奪的獎品。（斐三10-14）

對格林多人，保祿承認，他甚至不能確信他自己的得救：「說到管理人，另外要求於他的，就是要他表現忠信。至於我，或受你們的審斷，或受人間法庭的審斷，為我都是極小的事，就連我自己也不審斷自己，因為我雖然自覺良心無愧，但我決不因此就自斷為義人；那審斷我的只是主。所以，時候未到，你們甚麼也不要判斷，只等主來，他要揭發暗中的隱情，且要顯露人心的計謀：那時，各人才可由天主那裏獲得稱譽。」（格前四2-5）這個警告是真確的（格前一18、前三13、五23、斐二15；參哥〔西〕一22）；成義的罪人若沒有堅持善行，會失去他們的狀態。[26]

保祿所論及的因信成義不同於按照各人行為的最後審判。因信成義是無條件的寬恕之恩，賜給信仰耶穌的悔改罪人。救恩是最後審判的結果，那時所有人都將按自己的行為受到審判。萬蘭丁哈姆在其《早期猶太教和保祿宗徒思想中的審判與成義》（*Judgment & Justification in Early Judaism and the Apostle Paul*）一書的結語中完全正確：「『變得正義』的人被寬恕了過去的罪（過去的罪不再是問題），被滌除了罪責和罪的不潔，脫離了人的犯罪習性，然後被賦予了服從的能

---

26. Preston M. Sprinkle, *Paul & Judaism Revisited: A Study of Divine and Human Agency in Salvation* (Downers Grove, IL: IVP Academic, 2013), 204-7.

力。之後，最後審判將決定，一個人出於意志的行動是否始終遵循了基督死亡帶來的這些益處。若是，永生將是獎賞；若不是，得到的將是懲罰。」[27]

　　這就是為何「愛德」是最終和最重要的德性的原因（格前十三）。信德是重要的，因為它帶來成義；望德意味著不屈不撓、守望未來；但愛德是最大的，對於每個人來說，它是最後審判的基礎：「現今存在的，有信、望、愛這三樣，但其中最大的是愛。」（格前十三13）

早期基督宗教傳統內的保祿

　　常用這些詞語來理解時，保祿對因信成義的論述與第二聖殿猶太教相關性，便不再顯得可疑和尷尬。現在，他的論述完美地契合了〈哈諾客寓言集〉的預言，以及一、二世紀耶穌追隨者的信息；在後兩者中，因信成義和按各人行為受審判這兩個概念和諧共存。[28] 保祿在丕息狄雅的安提約基雅（彼西底的安提阿）的教導，是整個教會的教導；宣告末世的罪的寬恕，是默西亞耶穌的首要使命：「所以，諸位仁人弟兄，你們必須知道：就是藉著這耶穌給你們宣佈了赦罪之恩；凡在一切你們憑梅瑟法律不能成義的事上，憑著他，凡信的人都可成義。」（宗十三38-39）

---

27. VanLandingham, *Judgment & Justification*, 335.
28. 布萊恩·阿諾德（Brian J. Arnold）對托蘭斯的主張——即保祿的「因信成義」觀念在二世紀的基督宗教中被摒棄——的批評，仍基於一個假定，即「因信成義」和「因行受審」是兩個相互排斥的觀念。參 Brian J. Arnold, *Justification in the Second Century* (Minneapolis: Fortress, 2013)。

在新約和宗徒教父們保存的早期耶穌運動的著作中，因信成義和按各人的行為受審判並列出現。在早期耶穌運動中，沒有人曾質疑，最後審判將基於行為：「將來人子要在他父的光榮中同他的天使降來，那時，他要按照每人的行為予以賞報。」（瑪十六27）「在其他人面前」承認（或否認）耶穌的賞報（或懲罰），是特別對門徒們所說的（瑪十32-33、路十二8-9）。對外人，標準是他們對自己的鄰人有（或沒有）的愛：「當人子在自己的光榮中，與眾天使一同降來時，那時，他要坐在光榮的寶座上，一切的民族，都要聚在他面前；他要把他們彼此分開，如同牧人分開綿羊和山羊一樣……那時，君王要對那些在他右邊的說：『……凡你們對我這些最小兄弟中的一個所做的，就是對我做的。』然後他又對那些在左邊的說：『……凡你們沒有給這些最小中的一個做的，便是沒有給我做。』這些人要進入永罰，而那些義人卻要進入永生。」（瑪廿五31-46）

在《默示錄》中，一個類似的審判場景向若望呈現：「我看見了一個潔白的大寶座，和坐於其上的那位……我又看見死過的人，無論大小，都站在寶座前，案卷就展開了；還有另一本書，即生命冊也展開了，死過的人都按那案卷上所記錄的，照他們的行為受了審判。海洋把其中的死者交出，死亡和陰府都把其中的死者交出，人人都按照自己的行為受了審判……凡是沒有記載在生命冊上的人，就被投入火坑中。」（默廿11-15）《默示錄》的結尾是升天的基督親自說出的警告之言，再次表達瑪十六27的話：「記住！我快要來。我隨身帶著報酬，要按照各人的行為還報各人。」（默廿二

12）

　　保祿書信中的信息與此相同（羅二5-16、十四10-12、格後五10）。保祿書信提到按各人行為的最後審判，是警告那些藉由洗禮而領受成義之恩和天主聖神、但沒有保持無瑕可指的人。類似的警告在早期耶穌運動的文學中常見，如在《伯多祿前書》中：

　　　　如果你們為了基督的名字，受人辱罵，便是有福的，因為光榮的神，即天主的神，就安息在你們身上。惟願你們中誰也不要因做兇手，或強盜，或壞人，或做煽亂的人而受苦……因為時候已經到了，審判必從天主的家開始……先從我們開始……專務行善……為此，你們該屈服在天主大能的手下，這樣在適當的時候，他必舉揚你們……你們要節制，要醒寤……那賜萬恩的天主，即在基督內召叫你們進入他永遠光榮的天主，在你們受少許苦痛之後，必要親自使你們更為成全、堅定、強健、穩固。（伯前四14—五10）

　　《希伯來書》也含有反對那些「踐踏了天主子」的人的激烈語言。對於他們在梅瑟法律下所犯的罪，他們或許避免了懲罰；但對於他們在藉由基督的血領受成義後所犯的罪，甚至更嚴厲的懲罰等著他們：

　　　　因為如果我們認識真理之後，還故意犯背信的罪，就再沒有另一個贖罪祭了，只有一種等待審判的怕情，和勢將吞滅叛逆者的烈火。誰若廢棄梅瑟法律，只要有兩三個證人，他就該

死，必不得憐恤；那麼，你們想一想：那踐踏了天主子，拿自己藉以成聖的盟約的血當作了俗物，而又輕慢了賜恩寵的聖神的人，應當受怎樣更厲害的懲罰啊！因為我們知道誰曾說過：「復仇在乎我，我必要報復。」又說：「上主必要審判自己的百姓。」落在永生的天主手中，真是可怕！（希十26-31）

　　《克肋孟一書》（1 Clement）所使用的語言和保祿相似，提醒教會成員，他們已經藉由恩寵成義：「我們蒙祂在耶穌基督內的意願受到召叫，不是賴我們自己成義，不是賴我們自己的智慧，或見識，或虔誠，或我們出於心靈的聖潔而行的行為；而是賴那信仰成義，且從一開始，萬能的天主就藉那信仰使所有人成義。願光榮歸於天主，直到永遠，阿們。」（克肋孟一書32）[29]他接著警誡他們，最後他們將在最後審判中面臨第二次和最後一次成義，這次是基於各人的行為：「讓我們披掛和睦與謙卑，一直踐行自制，遠離所有竊竊私語和毀謗，因我們的行為成義，而不是我們的言語。」（克肋孟一書30）

　　《伯多祿後書》沒有隱藏對那些回歸罪惡的領洗者的極大輕蔑。他們可恥的行為只能與吃自己嘔吐物的狗，以及洗乾淨後又在泥濘中打滾的豬相比：

　　　　如果他們因認識主和救世者耶穌基督，而擺脫世俗的污穢

---

29. 關於《克肋孟一書》和《赫爾瑪斯牧人書》，參 *The Apostolic Fathers*, edited and translated by Bart D. Ehrman, 2 vols. (Cambridge: Harvard University Press, 2003)。

以後，再為這些事所纏繞而打敗，他們末後的處境，就必比以前的更為惡劣，因為不認識正義之道，比認識後而又背棄那傳授給他們的聖誡命，為他們倒好得多。在他們身上正應驗了這句恰當的俗語：「狗嘔吐的，牠又回來再吃」；又「母豬洗淨了，又到污泥裏打滾。」（伯後二20-22）

也許，沒有其他古代文獻比《赫爾瑪斯牧人書》（the Shepherd of Hermas）更清晰地表達了耶穌的首批追隨者關於成義的觀念：「我聽一些老師說，主啊——我說——沒有悔改，除了當我們下入水中，為先前所犯的罪領受寬恕之時來臨的那個悔改。他對我說：『你聽得對，是這樣。因為領受了罪的寬恕的人，一定不能再犯罪，而要活在聖潔中。』」（赫爾瑪斯牧人書31）

這正是保祿所說的。這段經文甚至更值得注意，因為《赫爾瑪斯牧人書》的作者發現自己身處艱難之境。一方面，他容許了一般規則之外的一個例外情況；另一方面，他想要重新確認一般規則的有效性。他宣佈，近來受到迫害的背教者可以回到天主的恩寵之中。「已犯罪和悔改者一定要被帶回……但不能反覆發生，因為對天主的僕人，只有一次悔改」（赫爾瑪斯牧人書29）。但是，賜給背教者的例外的可能性不應讓教會的忠信成員忘記自己的責任，認為自己的得救理所當然。悖論的是，領洗將基督的信仰者置於一個比異教徒更嚴厲的位置，異教徒「直到末日」仍有利用寬恕之恩的機會：「如果罪仍發生，既然這個日子已經設限，那麼，他們不會得到救恩，因為對於義人〔即已領洗的耶穌追隨者〕，悔改已結束。

所有聖徒悔改的日子已結束,但對於異教徒〔即那些從未領洗的人〕,有悔改的可能性,直到末日……如果你們繼續增添你們的罪,將從主那裏得到相反的結果。所有這些事情,牧人,即悔改天使,命我寫下來。」(赫爾瑪斯牧人書6、25)

當因信成義和最後審判的迫近之間的末世關聯在耶穌信仰者的生命經驗中逐漸減弱時,基督宗教神學曾有一段艱難時期,難以解釋罪的寬恕與「照各人的行為」的救恩之間的關係。新的系列問題出現了:嬰兒是否應領洗,或洗禮是否應盡可能久地推遲?領洗可以重複嗎?若可以,能重複多少次?對於領洗者,所有的罪都是「致命的」嗎?若不是,是甚麼將他們和他們已領受的恩寵分離?[30] 一旦默示的急迫性消失了,對許多人來說,似乎合理的是,「推遲悔改和領洗,就是基於對同時享受生命和獲得洗禮所賦予的寬恕的最大益處的渴望」,如君士坦丁(Constantine)和尤尼烏斯·巴蘇斯(Junius Bassus)的例子所顯示的。[31] 末日的遲延 —— 而不是奧斯定或路德 —— 應是誤解猶太人保祿的原初默示性信息的首要原因。

結語

基督宗教神學已將成義當作救恩的同義詞。但不應如此。

30. Everett Ferguson, *Baptism in the Early Church: History, Theology, and Liturgy in the First Five Centuries* (Grand Rapids: Eerdmans, 2009).

31. Joachim Jeremias, *Infant Baptism in the First Four Centuries* (London: SCM Press, 1960), 88.

按保祿的理解，成義基於「對耶穌的信仰」，是「寬恕、潔淨和淨化過去的罪」，以及「脫離統治人類的罪，得到解放」[32]。救恩卻是按各人行為的最後審判的結果。

　　將因信成義（這是保祿向罪人所宣講的）和（永遠）因信得救（這是保祿從未宣講過的）等同起來，是基督宗教對保祿所做的重新解釋的主要曲解之一。它將對惡的權勢的默示性哀歎，轉變成了行善在形而上學上的不可能性，彷彿亞當之罪使人不可能過正義的生活。並且，它將由天主賜給「許多人」（即罪人）的末世寬恕之恩，轉變為每個個體獲得救恩的必要前提。

　　韋斯特霍爾姆發現，「〔保祿〕想要將一種預想的因信成義……和基於一種不同標準（「遵行法律」的表現）的最後成義區分開來，這是不可思議的」[33]。然而，這正是〈哈諾客寓言集〉所做的，也是對觀福音所做的，最早的耶穌運動的所有文獻所做的，以及《克肋孟一書》以最明確的語言所做的。因信成義的觀念（僅對悔改的罪人而言）和天主按各人行為的最後審判（對每個人而言），在第二聖殿猶太教的默示文本以及早期基督宗教文本中，和諧共存。在猶太教默示性文獻和早期基督宗教文獻之間，存在絕對的連續性。沒有理由假定保祿不是這樣想的。與路德宗的保祿、新觀點中的保祿或兩條道路中的保祿不同，默示性的保祿在第二聖殿猶太教內舒適自在，在早期耶穌運動裏也一樣。

　　保祿認為，在猶太罪人與外邦罪人之間，或以色列家迷

---

32. VanLandingham, *Judgment & Justification*, 245.
33. Westerholm, *Justification Reconsidered*, 84.

失的羊與萬民中迷失的羊之間，沒有甚麼不同。他們都因同樣的寬恕的恩寵行動而成義。正是保祿神學中的這種平等因素——而不是任何其他因素——使保祿成為外邦人的宗徒，而且，甚至在耶穌運動內，也引起了一些爭議。

第八章

萬民中迷失之羊的宗徒保祿

一位有爭議的人物

我們可以理解，保祿為何被其他第二聖殿猶太人（尤其是他以前的法利塞同伴們）帶著懷疑的眼光看待；這些人不相信他所相信的惡的超凡起源的默示性觀念，也拒絕他對由默西亞耶穌完成的寬恕使命的強調。但保祿在早期耶穌運動內也是一位有爭議的人物。為甚麼？他的教導以罪的寬恕為中心，和其他宗徒並無根本上的不同，但保祿書信一直引發爭議。答案不能僅僅歸於對一個人的自然懷疑，這個人長久以來被視作「敵人」，且他自己也承認迫害過教會。

在現代保祿研究（始於鮑爾和圖賓根神學院）中，傳統上將保祿和耶穌運動的其他成員之間的爭議，歸於早期基督宗教內猶太教和基督宗教派別之間的鬥爭。不得不如此；黑格爾體系要求新論點（保祿的基督宗教）擊敗其對立論點（伯多祿、雅各伯，以及他們對猶太教的依附），好為基督宗教與《若望福音》的優越綜合找到空間。結果，保祿受到讚揚，人

們認為,他以對宗教的普世理解之名,反對猶太教的特選主義,並將基督宗教從猶太教解放出來。但如我們已見的,這個方法完全是時代錯置,是明顯的意識形態看法。

保祿稱自己是「外邦人的宗徒」(羅十一13),且在迦二8中,這個措辭被用作與「為受割損的人致力盡宗徒之職的」伯多祿相對的特別身份標記。在保祿神學中,的確有一些因素將他與耶穌運動的其他領袖(像伯多祿和雅各伯)區別開來。一些宗徒似乎對復興以色列的十二支派更感興趣(例如,《雅各伯書》一開始所證實的),而保祿尤其強調對外邦人的包容。

但保祿稱呼自己為外邦人的宗徒,這到底是甚麼意思?將保祿作為第二聖殿猶太人解讀,就是呼籲避免輕鬆地簡單化,並提醒讀者,實際情形比初看起來遠為複雜和多元化。

包容外邦人的競爭模式:
敬畏天主者和改教者

身為外邦人的宗徒保祿,並不是首位向外邦人宣講,並在以色列宗教中促進包容外邦人的第二聖殿猶太人。早在保祿之前,希臘化的猶太人已經發展了將外邦人視作「敬畏天主者」,包容在他們的團體內。[1]

許多非猶太人因猶太教是一神宗教和其道德教誨,而受到吸引。「大眾很久以來就顯示出採用我們宗教儀式的殷切

1. Terence L. Donaldson, *Judaism and the Gentiles: Jewish Patterns of Universalism to 135 CE* (Waco, TX: Baylor University Press, 2008).

渴望；沒有一個希臘人或野蠻人的城市、沒有一個國家，是我們禁止在第七日工作的習俗所不曾傳佈到的……就像天主遍及宇宙，法律也在全人類中找到了它的道路」（約瑟夫, *Ag. Ap.* 2.282-284）。他們不是改教者，而是對猶太教有好感的人（sympathizer），其道德目標是按自然律生活。約瑟夫用一般術語說道：梅瑟「給了他們親切的歡迎，認為構成關係的不是家族紐帶，而是合意的行為原則」（*Ag. Ap.* 2.210）。

對斐羅來說，正義的外邦人可以更正式地與猶太人聯合在一起，因為猶太教不只是猶太人民的宗教，也是整個宇宙的宗教。「我們應當將普世視作天主最高和最真正的殿宇」（*Spec.* 1.66）。猶太人生來就是人類的司祭。「一位司祭和一個城市的關係，正如猶太人的國家和整個有人棲居的世界的關係」（*Spec.* 2.163）。這就是為何猶太大司祭要身穿「複製和表現世界」的袍子。這對他是個提醒，不僅要按自然律生活，而且，他的服務是「為了整個人類」（*Spec.* 1.97）。「因為天主想要的是：大司祭首先應在自己的身邊有一個可見的宇宙代表，以便能持續地看到這個宇宙，進而提醒自己的生活配得上宇宙的本性；其次，促進整個世界可以和他一起合作，舉行他的神聖禮儀」（*Spec.* 1.96）。正如肋未的子孫生來是以色列的司祭，同樣，猶太人生來是人類的司祭。在追求正義的共同目標下，身為「敬畏天生者」的外邦人，在普世宗教中具有平信徒的公認角色。

不是每個人對此都表示贊同。阿迪亞波納的依匝特斯國王（King Izates of Adiabene）的故事表明，在第二聖殿猶太教內，對包容外邦人的正確方式，曾有過激烈爭論。「某個名

叫阿納尼雅（Ananias）的猶太商人」（約瑟夫, *Ant.* 20.34）教導國王，要作一個敬畏天主者。阿納尼雅告訴他，「他可以不必受割禮，就可以敬拜天主，儘管他確已決心，要完全遵循猶太法律；這種對天主的敬拜比割禮更強」（*Ant.*20.41）。但是，隨後，「另一個名叫厄肋阿匝爾（Eleazar）的猶太人從加里肋亞來，他因非常精通自己國家的學識而備受敬重」（*Ant.* 20.43）。他發現國王「正在閱讀梅瑟法律」，就斥責他沒有受割禮，並邀請他實踐法律上所寫的：「王啊，你正在不公正地違犯那些法律中最重要的，傷害了天主本身，因為你不僅要閱讀它們，也要首先實踐它們所告誡你的。」（*Ant.* 20.44）國王得出結論，他不應再耽擱受割禮「他退到另一個房間，派人叫醫生來，做了他受命要做的事」（*Ant.* 20.46）。

　　阿納尼雅和厄肋阿匝爾關於皈依的不同教導，使用的語言，相似於《阿立斯體亞書信》（the Letter of Aristeas）和《德訓篇》序言之間關於甚麼更重要的爭議——是傾聽還是閱讀更重要，是意義還是文字更重要。《阿立斯體亞書信》如此說道：「善的生活在於遵守法律，要達到這個目的，主要藉由傾聽，遠勝過藉由閱讀。」（阿立斯體亞書信127）妥拉的希臘語譯本和希伯來文本具有同等的威嚴，因為它傳遞同樣的意義。《德訓篇》的序言則相反，堅持閱讀更好：「因此，你們受邀以善意和關注來閱讀它，在一些地方要寬容，因為我們雖在翻譯時很勤勉，可能還是不完美地翻譯了一些表達。因為當譯成另一種語言時，和希伯來文原來所表達的不具有完全同樣的意思。不只這本書，甚至法律本身，先知書，以及其他的書卷，當閱讀原文時，不同的不是一點點。」（德訓篇

序言15-26）

耶穌運動和外邦人

　　在早期耶穌運動內，開始關於包容外邦人的爭論的，並非外邦人的宗徒保祿。起初，新默西亞運動的成員似乎對接觸外邦人不是很感興趣。寬恕的問題沒有呈現為一個關於外邦人的專門或甚至主要的問題。洗者若翰和耶穌召叫悔改的罪人是猶太人，而不是外邦人。

　　末世寬恕之恩是要作為一個特殊的禮物，毫無例外地或主要保留給以色列兒女們中的罪人：「外邦人的路，你們不要走；撒瑪黎雅人的城，你們不要進；你們寧可往以色列家迷失了的羊那裏去。」（瑪十5-6）對一些外邦人的包容，被視為規則的例外，而沒有否認寬恕之恩是賜給「兒女們」的，如耶穌與敘利亞一腓尼基婦人相遇的故事所表明的：「〔耶穌〕向她說：『應先讓兒女們吃飽了，因為拿兒女的餅扔給小狗是不對的。』那婦人卻回答說：『主！是啊！可是小狗在桌子底下，也可吃孩子們的碎屑呢！』。」（谷七27-28、瑪十五21-28）《瑪竇福音》尤其覺得這婦人的信念真正值得敬佩：「啊！婦人，你的信德真大」（瑪十五28），但對外邦人的包容只是一種例外情況（「我被派遣，只是為了以色列家迷失的羊」，瑪十五24）。這樣明確地將外邦人排除在寬恕的特殊恩寵之外，並沒有預先排除來世存在「萬民中的義人」，因為最後審判將「照各人的行為」發生。但在許多領洗者（如果不是大多數的話）如今都是外邦人的環境裏——如《路加福音》所處

的環境，這種說法聽起來肯定是奇怪的；因為這個原因，《路加福音》完全省略了這個敘事。

除了與敘利亞—腓尼基婦人的相遇，耶穌與外邦人的另外一次近距離相遇，記載在對觀福音傳統中。但是，《瑪竇福音》（八5-13）和《路加福音》（七1-10）記載的耶穌與在葛法翁的「百夫長」的相遇，似乎只是一廂情願的想法，因為《若望福音》（四46-53）對應文本談到的是「一位王臣」，在耶穌所處的黑落德‧安提帕統治下的時代，這位王臣應該是猶太人。《瑪竇福音》和《路加福音》承繼了該敘事的新版本，好能反映教會的新經驗，給耶穌讚揚外邦人信德的機會，預告他們在天主國度的得救：「我實在告訴你們：在以色列我從未遇見過一個人，有這樣大的信心〔＝路七9〕。我給你們說：將有許多人從東方和西方來，同亞巴郎、依撒格和雅各伯在天國裏一起坐席。」（瑪八10-11）

然而，事情迅速改變了。在一世紀中期，耶穌傳統需要故事來支持他們如今普遍存在外邦成員的經驗，但《宗徒大事錄》仍將早期團體描繪為對此毫無準備：「畢竟，最早使命的目標是將福音帶給以色列。異教徒對該運動的默示信息的積極反應，很可能讓早期宗徒措手不及；對這樣的偶發事件，當時沒有計劃。」[2]

看起來唯一清楚的是，耶穌本人沒有留下關於整合外邦人的教導。[3] 也是在《宗徒大事錄》裏，路加表明，耶穌的早

---

2. Paula Fredriksen, *Paul the Pagans' Apostle* (New Haven: Yale University Press, 2017), 94.

3. Fredriksen, P*aul the Pagans' Apostle*, 30.

期追隨者只向猶太人傳達他們的寬恕信息。「天主以右手舉揚
了他，叫他做首領和救主，為賜給以色列人悔改和罪赦」（宗
五 31-32）。

根據《宗徒大事錄》，耶穌的首批追隨者沒有計劃對外
邦人發起任何運動，也沒有計劃發起給外邦人的洗禮；洗禮
是應外邦人的請求。外邦人的第一次洗禮，是由福傳者斐理
伯所行的，他是一位希臘化猶太人，斯德望的同伴，而不是
耶穌的首批門徒之一，或十二宗徒之一。斐理伯是在耶穌死
後才加入耶穌運動；而且，在這件事中，他也沒有接近那位
宦官（被描述為熟悉以色列聖經的敬畏天主者），想要給他
施洗。他們之間的相遇不是計劃好的，而且，是那位宦官
忽然和斐理伯正面相對，直接問他：「還有甚麼阻擋我受洗
呢？」（宗八 36）

那位百夫長科爾乃略（哥尼流）也是一位敬畏天主的
人（宗十 2、22），他的故事遵循了同一模式。對於「可能不
適應散居地區會堂的混合人口」[4] 的宗徒們來說，一定很難去
接納這個新的遠景。伯多祿只是不情願地接受了科爾乃略的
邀請。從天而來的異象重複了三次，打消了他的許多顧慮：
「天主稱為潔淨的，你不可稱為污穢！」（宗十 15、十一 9）給
科爾乃略及其家人施洗的決定，並非來自積極和預先想好的
承諾，而是再次以一個反問的形式呈現：「這些人既領受了聖
神，和我們一樣，誰能阻止他們不受水洗呢？」（宗十 47）

我們得知，這個事件的消息遭到耶路撒冷已受割禮的成

---

4. Fredriksen, *Paul the Pagans' Apostle*, 95.

員的極大批評（宗十一 1-3）。令人驚訝的不是外邦人也可以在來世存在；一般來說，這個觀念對默示傳統和猶太傳統並不陌生。使耶穌的首批追隨者驚訝的是，同樣的末世寬恕之恩既賜給了猶太人，也賜給了外邦人：「原來天主也恩賜外邦人悔改，為得生命。」（宗十一 18）《宗徒大事錄》的作者以伯多祿的口，說出了保祿也會說的話：「我真正明白了：天主是不看情面的，凡在各民族中，敬畏他而又履行正義的人，都是他所中悅的……凡信他的人，賴他的名字都要獲得罪赦。」（宗十 34-35、43）

保祿的個人角色

在所有這些事件中，外邦人的宗徒保祿都沒有參與。他不是第一位向外邦人宣講，給他們施洗的耶穌追隨者。在加入耶穌運動之後的幾年裏，他沒有以任何方式脫穎而出，沒有表現出任何特別的、以接觸外邦人為目的的主動性。《宗徒大事錄》說，是巴爾納伯（巴拿巴）「往塔爾索去找掃祿；找著以後，便領他回到安提約基雅」（宗十一 25-26）。宗十三 1 提到，保祿是安提約基雅團體領袖（「先知和教師」）名單中的最後一位，位列「巴爾納伯和號稱尼革爾的西滿（稱為尼結的西面），基勒乃人路基約（古利奈人路求），以及與分封侯黑落德同乳的瑪納恒（馬念）」之後。

最後，保祿加入了巴爾納伯的傳教之旅，這個旅程通常稱為「保祿的第一次傳教旅程」，但應該稱為「巴爾納伯的第一次傳教旅程」，因為保祿（在宗十三 2、7 中，保祿在巴爾納

伯之後被提及）是他的助手，一個就連非猶太人也會如此認為
的下屬角色。在呂斯特辣（路司得）的大街上，當這兩位宣講
者被誤認為神，人群似乎對這兩位之間的關係理解得很清楚：
「他們遂稱巴爾納伯為則烏斯（宙斯），稱保祿為赫爾默斯（希
耳米），因為他是主要發言人。」（宗十四12）保祿或許有高
超的演講技能，但傳教之旅的帶頭人是巴爾納伯，而非保祿。

　　《宗徒大事錄》告訴我們，在巴爾納伯和保祿返回安提約
基雅之後，在早期教會內發生了爭議，即外邦信教者是否應
「受割損，又應該命他們遵守梅瑟法律」，好能「得救」（宗十
五1-5）。這個意見由「幾個信教的法利塞黨人」提出（宗十
五5）──這個跡象表明，猶太教內的分裂也漸趨在早期教會
內重複，如隨著希臘化的猶太人（由斯德望領導的「希臘化
者」）的到來已發生的那樣。

　　按照弗雷德里克森的說法，一些耶穌的追隨者對受洗的
敬畏天主者施壓，要求他們行割禮和成為改教者，這種施壓
是耶穌的追隨者對「末日遲延」的反應：「他們開始堅持，運
動中的外邦人要藉接受割禮，正式加入以色列。」[5] 不論這個
舉動背後是甚麼原因，巴爾納伯和保祿對此表示反對，並率
領幾個代表，從安提約基雅去耶路撒冷，與「宗徒和長老」討
論這個問題。伯多祿和雅各伯都同意巴爾納伯和保祿，認為
不應加給外邦信教者「煩難」。他們被要求「戒避偶像的玷污
和姦淫，戒食窒死之物和血」（宗十五20）。換而言之，早期
教會的領袖們同意了由希臘化的猶太人團體已成功採用的解

5. Fredriksen, *Paul the Pagans' Apostle*, 103.

決方案，這方案關係到他們和敬畏天主者之間的關係。「這意味著不能有偶像。但這也意味著沒有割禮：在基督內的外邦人可以一直是外邦人，一直到末日。」[6] 他們不必成為改教者，就可以被包容在新運動中。在這裏，保祿在所有人最後共同做出的集體決定中，起了積極作用。但他個人似乎尚未擁有一個特別位置。

根據《宗徒大事錄》，甚至當保祿以外邦人的宗徒身份立足時，他也沒有顯著改變耶穌追隨者早期使命的動態。保祿「在會堂裏，同猶太人和敬畏天主的人」繼續宣講（宗十七17），拜訪當時猶太人散居的主要中心，接觸已接受對以色列天主的信仰的敬畏天主者。當在雅典「幾個伊壁鳩魯派和斯多噶派（斯多亞）的哲士……領他到了阿勒約帕哥（亞略巴古）」，他嘗試要向「雅典人和僑居在那裏的外國人」傳告「未識之神」，導致一次相當尷尬的演講和半災難的結果，使他確定要離開這座城市，去往格林多更舒適的猶太環境（宗十七18—十八1）。那麼，是甚麼使保祿成為外邦人的支持者？

嚴峻的現實是：耶路撒冷公議會雖然明顯地達成全體一致，但並沒有解決所有問題，如保祿的《迦拉達書》所證實的。因為外邦信教者不必受割禮或遵守梅瑟法律，於是爆發了關於在團體內，尤其是團體就餐時，猶太人與外邦人之間的關係的爭議。猶太—希臘化模式並沒有暗含平等性；儘管都是同一宗教的敬拜者，但猶太人生來是司祭，而敬畏天主者是平信徒。他們應當坐不同的飯桌，還是共用同一張飯

6. Fredriksen, *Paul the Pagans' Apostle*, 104.

桌？在安提約基雅的事件很快就揭示了關於這個問題的深刻分歧，分歧的一方是保祿，另一方是伯多祿、雅各伯和巴爾納伯。

法律與罪的權勢

一世紀的一些猶太人應該會排斥和外邦人同坐一張飯桌的想法。「若瑟從不和埃及人一起吃飯，因為這對他是可憎之事」（Jos. Asen. 7:1）。若瑟甚至拒絕了阿斯納特貞潔的歡迎之吻：「一個敬拜天主……吃祝福過的生命之糧，喝不朽的祝福之杯的男人……去吻一個在飯桌上吃窒死之糧，飲酒時飲陰險之杯……的奇怪女人……是不合適的」（Jos. Asen. 8:5-6）。科爾乃略「同他的全家，是虔誠而敬畏天主的人……常向天主祈禱……是個正義和敬畏天主的人，也受全猶太人民的稱譽」（宗十2、22），但伯多祿向他表達了相似的顧慮：「你們都知道猶太人是不准同外邦人交接來往的。」（宗十28）

然而，《阿立斯體亞書信》確實揭示，至少一些希臘化的猶太人在某些情況下，允許猶太人和外邦人共用同一張飯桌，如將妥拉譯成希臘語的那七十二位智者在國王的宮廷所做的。[7] 並不是每個人都贊同希臘化的猶太教習俗。希臘化者和希伯來人之間的區分，以及希臘化者所提出的在團體就餐時被忽略的指控，似乎表明，在最早的耶穌運動內部，在這兩個群體之間存在著某種程度的衝突（宗六1-6）。

---

7. 關於《阿立斯體亞書信》，參 Benjamin G. Wright, *The Letter of Aristeas* (Berlin: deGruyter, 2015)。

　　「由雅各伯那裏來」的人反對猶太人和外邦人同桌吃飯，而保祿贊成。伯多祿持中間立場。一開始，他順應安提約基雅教會的習俗（希臘化的猶太人對和敬畏天主者同桌吃飯沒有問題），但在從雅各伯那裏來的代表到達後，伯多祿「退避了」。巴爾納伯遵循了他的做法。我們不知道他們這樣做，是因為確信理應如此，還是對從耶路撒冷來的客人的好客和尊重的舉動，或如保祿所暗示的，「因怕那些受割損的人」（迦二12）。我們所知道的是，這次保祿反應激烈，「當面」與伯多祿對峙，指責他和巴爾納伯「裝假」（迦二11、13）。

　　在《迦拉達書》中，保祿重申了他反對要求外邦信教者成為改教者，並行割禮。納諾斯對此有正確的理解：「保祿反對非猶太人在成為耶穌的追隨者之後成為猶太人。」[8]

　　首先，保祿提醒他的讀者，這是教會多年的習俗，不僅在安提約基雅，也在耶路撒冷奉行：「我同巴爾納伯再上耶路撒冷去……〔去見〕那些有權威的人……即連跟我的弟鐸，他雖是希臘人，也沒有被強迫領受割損。」（迦二1-3）但保祿並不滿足於作外邦人的辯護律師。他表明自己是「宗徒，並非由於人，也並非藉著人，而是由於耶穌基督」（迦一1），宣講「並不是由人而來的……而是由耶穌基督的啟示」賜給他的福音（迦一11-12）。他將拒絕改教和一起吃飯的做法轉化成一個神學問題，使之成為一個原則問題，他的獨特福音的中心，以及一個獨特神學的出發點。是在此時，耶穌的追隨者保祿才發展成外邦人的宗徒，「從母胎中〔天主〕已選拔我，

8. Mark Nanos, *Reading Paul within Judaism* (Eugene, OR: Cascade Books, 2017), 131.

以恩寵召叫我……叫我在異民中傳揚他〔基督〕」（迦一15-16）。對保祿來說，不應在新運動中視領洗的外邦人為單獨的敬畏天主者的群體；應將他們作為團體的平等成員來對待。

是在這個語境裏，保祿第一次談到了在基督內的因信成義，反對因遵行法律而成義：「我們生來是猶太人，而不是出於外邦民族的罪人；可是我們知道：人成義不是由於遵行法律，而只是因著對耶穌基督的信仰，所以我們也信從了基督耶穌，為能由於對基督的信仰，而不由於遵行法律成義，因為由於遵守法律，任何人都不得成義。」（迦二15-16）猶太和外邦罪人在基督內領受的寬恕之恩，完全獨立於梅瑟妥拉，因為法律沒有勝過宇宙性的惡的權能，也沒有權能使罪人成義。

再一次，問題不是法律，而是罪的權勢。成義使法律的懲罰無效：「基督由法律的咒罵中贖出了我們，為我們成了可咒罵的。」（迦三13）但對保祿來說，在梅瑟法律和對罪人的法律之外的成義恩許之間，並沒有衝突；這恩許是「向亞巴郎和他的後裔……基督」所許諾的（迦三16）。在對罪人的成義恩許之後的四百三十年[9]，法律賜給了梅瑟，這法律「決不……廢除」、「天主先前所正式立定的誓約」，「以致使恩許失效」（迦三17）。另一方面，「法律〔賜給那些服從它的人救恩，但不提供成義〕相反天主的恩許嗎？絕對不是」（迦三21）。法律「是為顯露過犯而添設的，等他所恩許的後裔〔耶穌〕來到」（迦三19）。法律是「我們的啟蒙師，直到基督

---

9. 作者原文為「一百三十年」。應是「四百三十年」——譯註。

來臨[10]，好使我們由於信仰而成義」（迦三24）。既然成義之恩已在基督身上揭示，那些已領洗者「屬於基督……你們就是亞巴郎的後裔，就是按照恩許作承繼的人」（迦三29）。

因此，外邦人不僅不需要為得救而成為改教者，而且，他們若成了改教者，就會表明，他們在基督內所領受的成義，在某種程度上與法律有關，而實際上這兩者無關。「請注意，我保祿告訴你們：若你們還願意受割損，基督對你們就沒有甚麼益處……因為在基督耶穌內，割損或不割損都算不得甚麼，惟有以愛德行事的信德，才算甚麼」（迦五1-6）。倘若法律有勝過宇宙性的惡的權勢，基督的犧牲就沒有意義：「我決不願使天主的恩寵無效，因為，如果成義是賴著法律，那麼，基督就白白地死了。」（迦二21）

罪的奴隸，在罪內平等

在耶路撒冷公議會，所有耶穌追隨者顯然對如下問題達成了共識：外邦罪人，因賜給猶太罪人的相同末世之恩而成義（「〔天主〕在我們和他們中間沒有作任何區別，因他以信德淨化了他們的心」，宗十五9）。但安提約基雅事件不是耶路撒冷公議會的第二回合。保祿的堅定立場，使他闡述了一種獨特的神學。雖然希臘化的猶太教將猶太人和外邦的敬畏天主者，因共同尋求正義而聯合起來，保祿卻利用對人性之罪性的悲觀默示觀，肯定了加入新運動的猶太人和外邦人「在

10.「直到基督來臨」：思高聖經的譯文「領我們歸於基督」更符合新約希臘文原文——譯注。

罪內的平等」。他認為，對於猶太人和外邦人，藉由基督的罪的寬恕之恩「僅憑信仰」生效。這恩寵是完全白白的恩寵，因為對人沒有施加前提條件，人在此世是罪的權勢之下的「奴隸」。對於保祿，這是法律本身藉哈加爾（夏甲）和撒辣（撒拉）的「寓意」（迦四21—五1）所教導的。哈加爾的子女是那些遵從法律，在罪的權勢下活在「奴隸制」中的人；而撒辣的子女是那些藉由成義的恩許脫離了這個邪惡世界的人：「基督解救了我們，是為使我們獲得自由；所以你們要站穩，不可再讓奴隸的軛束縛住你們。」（迦五1）

　　保祿在《迦拉達書》和《羅馬書》中所提到的奴隸制，不是法律的奴隸制；它是控制宇宙的宇宙性的惡的權勢，迦四3的「初級精神體」[11]、「一些本來不是神的神」（四8）。在哈諾客傳統中，人們（猶太人和外邦人）和邪惡力量的影響以及魔鬼的誘惑爭鬥。保祿將這種觀點極端化，設想了一個戰後場景，「不論是猶太人，或是希臘人，都在罪惡權勢之下」（羅三9）。亞當和厄娃在對魔鬼的戰役中戰敗，結果，他們所有的後裔都「作罪惡的奴隸」（羅六6）。

　　奴隸制是羅馬帝國穩固的社會制度。當保祿談到人們因戰敗和成為奴隸時，他是在「按常情來說」（羅六19），使每個人都能理解。[12]每個人都確切知道，奴隸制對奴隸和他們的孩子意味著甚麼。一旦戰鬥結束，奴隸要勉強接受他們的

11. 迦四3此處的希臘文原文有兩種解釋：一種是「初級精神體」；一種是思高聖經所取的「蒙學」——譯注。
12. John Byron, *Slavery Metaphors in Early Judaism and Pauline Christianity: A Traditio-Historical and Exegetical Examination* (Tübingen: Mohr Siebeck, 2003).

境況，直到死去。當約瑟夫對受圍攻的耶路撒冷居民講話並提醒他們時，他說的是當時的共識：「為自由而戰是正確的事，但應該是一開始要做的……現在假裝要擺脫〔羅馬人的〕枷鎖，是因為想要悲慘地死去，而不是因為熱愛自由……對強壯者的屈服，是人與人之間、甚至野獸之間強而穩定的法則。」（*J. W.* 5.365-67）羅馬人敬佩和尊崇那些為自由而英勇戰鬥的人，輕視那些叛亂的奴隸，給他們定罪、釘上十字架。沒有人會指望魔鬼比羅馬人還弱。

這是否意味所有奴隸都是邪惡的？不盡然。這又是一個常見的經驗問題。作奴隸（甚至一個邪惡主人的奴隸）不必然等於作罪人。但是，奴隸（尤其是一個邪惡主人的奴隸）處於很艱難的境況，因為奴隸不是自由的，而且，在任何時候，主人可以命令奴隸做惡事——這是一個對任何想要持守正義的人來說，都很危險和令人恐懼的處境：「我這人是以理智去服從[13]天主的法律，而以肉性去服從罪惡的法律。」（羅七25）

奴隸的唯一希望，是有人支付贖價，讓奴隸獲得自由。這就是耶穌的血對保祿的意義，「藉信仰而有效」[14]（羅三25）。對於毫無自由的奴隸而言，唯一能向他要求的，就是一個自覺的「我願意」，即他願意接受救贖。在保祿看來，這就是所有罪人的處境。猶太人和外邦人在罪中是平等的；唯獨因著信仰，基督的寬恕之恩才能生效。

因此，在猶太和外邦成員之間，沒有區別，因為他們

13.「服從」：系思高聖經的譯文。作者原文及新約希臘文原文的字面意思為：「是……的奴隸」或「服侍」——譯注。

14.「藉信仰而有效」：按作者原文。思高聖經譯為「為信仰他的人」——譯注。

都平等地是罪人，都藉由耶穌基督，因天主的恩寵平等地成義。對於成義——「來自信仰的正義」——猶太人不能主張有任何優越性，除非否認天主的恩寵。「毫無區別……因為所有的人都犯了罪，都失掉了天主的光榮，所以眾人都因天主白白施給的恩寵，在耶穌基督內蒙救贖，成為義人。這耶穌即是天主公開立定，使他以自己的血，作贖罪祭，藉信仰而有效」[15]（羅三 22-25）。悖論的是：外邦人比猶太人在利用成義之恩上顯示了更多熱情。對於保祿，這是「我的憂愁極大，我心中不斷的痛苦」的原因（羅九 2）。「外邦人沒有追求正義，卻獲得了正義，即由信仰而得的正義；以色列追求基於法律的正義，卻沒有成功達到法律的要求」[16]（羅九 31）。

在保祿看來，因信成義沒有廢除或取代，而是補充了因行成義，因為最後審判按各人行為，施加給每個人的審判。「我們眾人都要站在天主的審判台前……這樣看起來，我們每人都要向天主交自己的賬」（羅十四 10-12）。以色列這一方的問題是：他們不接受耶穌追隨者的默示性教導，即在最後審判迫近時，天主藉由基督，如今賜下法律之外成義的另一種可能性，就是基於信仰，而不是行為。猶太人「對天主有熱心，但不合乎真知超見」（羅十 2），他們不理解在保祿看來已由法律本身宣告之事。「但是如今，天主的正義，在法律之外

15.「作贖罪祭，藉信仰而有效」：思高聖經譯為「為信仰他的人作贖罪祭的」——譯注。

16.「以色列追求基於法律的正義，卻沒有成功達到法律的要求」：按作者原文。思高聖經的譯文為：「以色列人追求使人成義的法律，卻沒有得到這種法律」。該節按新約希臘文原文，可直譯為：「以色列追求使人成義的法律，卻達不到法律的要求」。——譯注。

已顯示出來；法律和先知也為此作證：就是天主的正義，因
對耶穌基督的信德，毫無區別地，賜給了凡信仰的人」（羅三
21-22）。在這個意義上，「法律的終向是基督，使凡信他的人
獲得正義」（羅十4）。末世之恩賜給了猶太人，也同樣賜給了
外邦人，「沒有……區別……眾人都有同一的主，他對一切呼
號他的人都是富有慈惠的」（羅十12）。

那些已接受這個恩賜的人，可能是「殘餘」者（羅十一
5），但在信教者中有他們中的一些人在場，包括保祿自己，
這一事實證明了「天主並沒有擯棄他所預選的人民」（羅十一
1-2）。猶太人是並一直是天主的聖潔子民：「他們是以色列
人：義子的名份、光榮、盟約、法律、禮儀以及恩許，都是
他們的；聖祖也是他們的，並且默西亞[17]按血統說，也是從他
們來的。」（羅九4-5）

部分以色列人的「執迷不悟」，促成一個天主眷顧的結
果，因為「救恩臨到外邦人」（羅十一11）。「因他們被遺棄，
世界與天主和好了」（羅十一15）。這個境況雖然令人遺憾，
但只是暫時的：「只有一部分是執迷不悟的，直到外邦人全數
進入天國為止：那時，全以色列也必獲救。」（羅十一25-26）
外邦信教者不必自誇；他們作為「野橄欖樹枝」被接上去，
「同沾橄欖樹根的肥脂」（羅十一17）。因此，他們一直「該想
不是你托著樹根，而是樹根托著你」（羅十一18）。

17.「默西亞」：按作者原文。思高聖經譯為「基督」——譯注。

對保祿的反對

「基督的血」是支付給罪的寬恕的贖價，這個觀念在早期耶穌運動中廣泛傳播。我們在以下幾個地方可以發現這個觀念最明確的表達：《瑪竇福音》(「人子來……交出自己的生命，為大眾作贖價」，瑪廿28)、《伯多祿前書》(「〔你們〕不是用能朽壞的金銀等物……〔被贖出來的，〕而是用基督的寶血」，伯前一18-19)，以及《默示錄》(「曾用你的血，從各支派、各異語、各民族、各邦國中，把人贖來歸於天主」，默五9)。

保祿和他之後的保祿傳統堅持該事件的完全恩寵性：「〔我們〕[18] 原是用高價買來的」(格前六20、七23)。「我們就是全憑天主豐厚的恩寵，在他的愛子內，藉他愛子的血，獲得了救贖，罪過的赦免」(弗一7)。「你們得救是由於恩寵，藉著信德，所以得救並不是出於你們自己，而是天主的恩惠；不是出於功行」(弗二8-9)。然而，不是每個人都同意這個觀點。路德準確地在《雅各伯書》中看到，雅各伯是保祿的主要批評者，但路德沒有對此重視，認為這本書是表達「猶太教」傳統觀點的「毫無價值的信函」。[19] 事實不是這樣。當雅各伯唯一一次談到法律時，他用的語言和保祿一樣：「因為誰若遵守全部法律，但只觸犯了一條，就算是全犯了，因為那說了『不可行姦淫』的，也說了『不可殺人』。縱然你不行姦淫，

18.「我們」：按作者原文。思高聖經和新約希臘文原文是「你們」——譯注。

19. 1522年所謂的《九月聖經》(*Septemberbibel*)【即路德版聖經——譯注】的前言。

你卻殺人，你仍成了犯法的人。」（雅二10-11）

這正是保祿在《迦拉達書》中基於申廿七26所說的：「凡是依恃遵行法律的，都應受咒罵，因為經上記載說：『凡不持守律書上所記載的一切，而依照遵行的，是可咒罵的。』」（迦三10）；「我再向任何自願受割損的人聲明：他有遵守全部法律的義務」（迦五3）。雅各伯和保祿一樣，認為問題不在法律，而是惡的超凡權勢使人難以遵守法律。對於許多人來說，面臨天主的審判意味著，註定要不可避免地被定罪。因此，另一條道路必須要賜給罪人，一條基於天主仁慈的成義之路。保祿和雅各伯都在耶穌身上看到了，耶穌是法律之外的恩寵和寬恕之恩的中介。

如我們已看到的，對於保祿，「基督由法律的咒罵中贖出了我們」（迦三13）。對於雅各伯，希望在於確信，在最後審判時，對於那些已悔改並遵循了耶穌所宣講的「自由的法律」的人，天主的仁慈會勝過天主的公義：「你們要怎樣按照自由的法律受審判，你們就怎樣說話行事罷！因為對不行憐憫的人，審判時也沒有憐憫；憐憫必得勝審判。」（雅二12-13）

然而，在早期耶穌運動的這兩位領袖之間，存在一個深刻的差異，但這個差異沒有將基督宗教從猶太教分裂出去，甚至也沒有將耶穌的追隨者從法利塞人中分裂出去。這是一個源自對惡的超凡權勢的不同強調的問題。雅各伯堅決拒絕保祿關於人是「罪的奴隸」的觀點。

雅各伯的語言與我們在基督宗教的《十二族長遺訓》（The Testaments of the Twelve Patriarchs）中所發現的十分相似。[20] 在那裏，我們讀到：魔鬼有一個鑰匙，可以直通人的

自我——即貝里雅耳放在人裏面，用來反對人的「欺騙七靈」（「seven spirits of deceit」）（參 T. Reu. 2:1-2）。這些靈是人的私欲；一旦一個人「臣服於私欲的激情，受其奴役」（T. Jos. 7:8），失去了正直，那個人就被引向「致命的罪」（hamartia eis thanaton; T. Iss. 7:1）。

「雙重舌」（double tongue）是影響所有人的內在掙扎的象徵，以及最明顯的顯現。天主想要其所有受造物以「誠心」去愛（T. Iss. 7:7），而貝里雅耳「不知誠為何物」（T. Ben. 6:7）。對於雅各伯來說也是如此：「舌頭也像是火。舌頭，這不義的世界，安置在我們的肢體中，玷污全身，由地獄取出火來，燃燒生命的輪子……至於舌頭，卻沒有人能夠馴服，且是個不止息的惡物，滿含致死的毒汁……讚頌與詛咒竟從同一口裏發出！我的弟兄們，這事決不該這樣！」（雅三2-12）。

雅各伯贊同《十二族長遺訓》，認為惡的源頭是不義的世界，即魔鬼；魔鬼的權勢彰顯在明顯無法控制的激情：「你們中間的戰爭是從那裏來的？爭端是從那裏來的？豈不是從你們肢體中戰鬥的私欲來的嗎？你們貪戀，若得不到，於是便要兇殺；你們嫉妒，若不能獲得，於是就要爭鬥，起來交戰。」（雅四1-2）

因此，保祿的因果系列顯著地修改了。對保祿來說，惡

20.《十二族長遺訓》按其現有形式是基督宗教著作。學者們對這份文獻在多大程度上基於前基督宗教的文本有爭議。在這裏，我們將它作為早期耶穌運動內一個思潮的證據，《十二族長遺訓》似乎和《雅各伯書》一樣，都屬於這個思潮。參 See Robert A. Kugler, Testaments of the Twelve Patriarchs (Sheffield: Sheffield Academic Press, 2001)。

是所有欲望的起源（「罪惡⋯⋯在我內發動各種貪情」，羅七
8）；私欲與死亡都是罪的權勢的結果。對於雅各伯則是，人
雖在誘惑下，卻仍與私欲作鬥爭，私欲受到魔鬼的煽動，引
人犯罪，而人一旦犯罪，就走向死亡：「人受誘惑，不可說：
『我為天主所誘惑。』因為天主不會為惡事所誘惑，他也不誘
惑人。每個人受誘惑，都是為自己的私欲所勾引，所餌誘；
然後，私欲懷孕，便產生罪惡；罪惡完成之後，遂生出死亡
來。」（雅一 13-15）

　　誘惑是「考驗」，那些成功克服它的人「必能得到主向愛
他的人，所預許的生命之冠」（雅一 12）。「在他內沒有變化
或轉動的陰影」（雅一 17）的天主，向人類要求同樣簡單的不
分裂的愛：「淫亂的人啊！你們不知道：與世俗友好，就是與
天主為仇嗎？所以誰若願意作世俗的朋友，就成了天主的仇
敵。『天主以嫉妒愛慕他在我們內所安置的神靈』，或者你們
以為聖經的這句話是白說的嗎？」（雅四 4-5）

　　人類發現自身在兩個相反的原則之間被撕裂開來，彼此
為敵，各有矛盾，但人類還不是奴隸，因為他們還沒有完全
失去自由和質樸。奴隸制是一種威脅，是鬥爭的可能結果，
而不是人類的狀態。《雅各伯書》的全部靈修受行善的積極意
義激發。「誰若自以為虔誠，卻不箝制自己的唇舌，反而欺騙
自己的心，這人的虔誠便是虛假的。在天主父前，純正無瑕
的虔誠，就是看顧患難中的孤兒和寡婦，保持自己不受世俗
的玷污」（雅一 26-27）。

　　基督帶來的成義禮物，也被看作抗擊魔鬼的持續鬥爭
中的一步。這不是一個無條件的禮物，而是人與天主之間

通力合作的結果。「但他〔天主〕還賜更大的恩寵呢，為此說：『天主拒絕驕傲人，卻賞賜恩寵於謙遜人。』所以，你們要服從天主，對抗魔鬼，魔鬼就必逃避你們；你們要親近天主，天主就必親近你們。罪人們，你們務要潔淨你們的手；三心兩意的人，你們務要清潔你們的心！你們要感到可憐，要悲哀，要哭泣；讓你們的喜笑變成悲哀，歡樂變成憂愁。你們務要在上主面前自謙自卑，他必要舉揚你們」（雅四6-10）。

如果因為罪人是罪的奴隸，從而僅要求罪人回答「我願意」就夠了，那麼，就沒有行為的空間，成義就只能藉由信仰。另一方面，如果罪是一種誘惑，罪人保有一定程度的自由，那麼，他們能夠，也應該被要求，以一些行為來證明他們的信仰。《雅各伯書》於是進一步主張，「人成義是由於行為，不僅是由於信德」，以及「信德沒有行為也是死的」（雅二19-26）。

毫不驚奇的是，《雅各伯書》甚至沒有提到耶穌的死。耶穌的宣講，耶穌所教導的「自由的法律」，是成義的先決條件；而對於保祿，耶穌的犧牲之死是唯一一個可算是單方和仁慈的恩寵行動。

保祿取消了猶太人與外邦人之間的區分嗎？

保祿的因信成義觀念，不是基督宗教與猶太教之間的分界線，而是肯定教會內猶太罪人與非猶太罪人之間平等性的神學基本原理。對雅各伯而言，身為遵守妥拉的猶太

人，是個有利之處，因為寬恕之恩要求某種來自人的行動。由於妥拉，猶太人對魔鬼的誘惑有更好的領會，做了更好的準備去遵循耶穌所宣講的自由的法律。另一方面，保祿的奴隸比喻只留下了讓個人說一聲「我願意」的空間。這使先決條件的觀念或猶太人優越於外邦人的任何主張，都變得沒有意義。因此，區分新團體內部的這兩個群體，就毫無根據。保祿的結論是：末世的成義之恩，在法律之外已平等地賜給了猶太人和外邦人；為了領受這個恩寵，兩者都要展現同樣的信仰的行動（act）（完全不靠行為）。在猶太罪人和外邦罪人之間，沒有分別。兩者都因完全恩寵的行動（默西亞的死）成義，他們對此也都僅憑信仰領受。因此，猶太人和外邦人之間在成義的方式上是完全平等的。同樣的福音賜給了「一切有信仰的人」，「先是猶太人，後是希臘人」（羅一16）。[21]

　　這是否意味著，保祿簡單取消了此世猶太人和外邦人之間的區分？保祿的同時代人，對此有些分歧。有一些流言、懷疑和指責，說保祿教導「在外邦人中的一切猶太人背棄梅瑟，說不要給孩子行割損禮，也不要按規例行」（宗廿一21）。就連保祿對遵行聖殿取潔禮的熱誠，也沒能阻擋在耶路撒冷對他的指控，說他「到處教訓眾人反對人民、法律和這地方〔即聖殿〕」（廿一28）。根據《宗徒大事錄》，這些都是謊言，因為「在信教的猶太人中盈千累萬，都是熱愛法律的人」（宗廿一20），保祿也不例外——他也「循規蹈矩，遵

21.此處經文譯文按作者原文。比照思高聖經，略有微調——譯注。

守法律」（宗廿一24）。另一方面，外邦信教者是敬畏天主的人，他們「戒避祭邪神之物、血、窒死的禽獸和姦淫」（宗廿一25）。

今日的學者也有意見上的分歧。傳統的觀點——即保祿塑造了一個新的「種族」，從而使兩個群體成了一個民族[22]——受到越來越多持相反觀點的專家的公開質疑，從艾森鮑姆（「外邦人不會成為猶太人，猶太人也不會成為外邦人」）[23] 到弗雷德里克森（「保祿堅持以色列和萬民之間的區分，且沒有甚麼地方消除了這種區分」）。[24]

保祿在格前九19-23中的自傳陳述（「對一切人，我就成為一切，為的是總要救些人」）傳統上被當作他不重視這個問題的證據。他不再認為自己受限於梅瑟法律，除了「要避免產生誹謗」的原因，隨己之意，根據情形，遵守或不遵守梅瑟法律。[25]然而，很難想像，保祿想要呈現這樣負面的自我形象，用相當可疑的機會主義行為，自己承認這一點，從而肯定了其對手的最壞懷疑。

如納諾斯表明的，「『變得像』表示的不是『做得像』，而是『辯得像』」（becoming like signifies not behaving like, but rather arguing like）[26]。保祿沒有從事欺騙性行為；他針對

22. Love L. Sechrest, *A Former Jew: Paul and the Dialectics of Race* (Edinburgh: T&T Clark, 2009).

23. Pamela Eisenbaum, *Paul Was Not a Christian: The Original Message of a Misunderstood*

24. Fredriksen, *Paul the Pagans' Apostle*, 114.

25. John J. Collins, *The Invention of Judaism: Torah and Jewish Identity from Deuteronomy to Paul* (Oakland: University of California Press, 2017), 164.

26. Nanos, *Reading Paul within Judaism*, 26-29, 98-99.

各種聽眾調整自己的信息，將他們的不同感受能力考慮在內。保祿的「修辭適應性」牧靈策略不能用來證明他不再是遵守妥拉的猶太人，以及他向信仰基督的猶太人宣講，好讓他們背棄法律。保祿認為，在法律和恩許之間沒有衝突。不再「在法律下」（格前九20）對他意味著，他不再在罪的權勢下；他在基督內成了義，而不是脫免了梅瑟盟約的義務。

值得重視的是，保祿關於猶太人和外邦人平等的著名言論，產生於一個包括了「男人與女人」以及「奴隸和自由人」的更廣語境。這些範疇在此世代表了民族、性別和社會地位的基本劃分：「不再分猶太人或希臘人，奴隸或自由人，男人或女人，因為你們眾人在基督耶穌內已成了一個。」（迦三28）這三組範疇依次在《格林多前書》（哥林多前書）第七章再度一同提及，以及在省略了「女人」[27]之後，在平行經文格前十二13中提及（「因為我們眾人，不論是猶太人，或是希臘人，或是為奴的，或是自主的，都因一個聖神受了洗，成為一個身體，又都為一個聖神所滋潤」），和在哥三11中提及（「已沒有希臘人或猶太人，受割損的或未受割損的，野蠻人、叔提雅人、奴隸、自由人的分別，而只有是一切並在一切內的基督」）。值得注意的是，在保祿的真正書信中和保祿傳統中，保祿對外邦人的態度從來沒有孤立呈現，而總是與他對此世的其他基本劃分的態度有關。

現代詮釋者注意到，這些範疇中的每一個群體，都受到同樣的張力和含混的影響，如同歷史上對保祿的接受所證實的。在十

---

27. 也省略了「男人」——譯注。

九世紀，廢奴主義者和反廢奴主義者都提到了《費肋孟書》（《腓利門書》），以支持他們自己的截然不同的結論。[28] 在十九世紀末和二十世紀初，《女性聖經》（*The Woman's Bible*）和喬治·伯納德·蕭（George Bernard Shaw）[29] 譴責保祿是「女性的永久敵人」，[30] 而今天的一些當代女性主義神學家，會因為他關於女性的解放信息而讚揚他，認為是後來的追隨者「背叛」了他的信息。[31]

現代詮釋者認為這些地方存在不一致和含混；對默示性的保祿而言，似乎沒有矛盾之處。他以完全相同的方式對待這三對範疇。[32]

一方面，保祿堅持，「在基督內」有完美的平等性，這源自他們共同的罪的狀態，以及他們成義的絕對恩寵性。這樣的平等性尤其表現在新團體聚集在天使前的團體餐中（格前十一10），並已預示了來世的現實。在那裏，猶太人和非猶太人坐在同一張飯桌前，吃同樣的食物，女性說先知言，奴隸是兄弟。

---

28. Robert Bruce Mullin, "Biblical Critics and the Battle over Slavery," *Journal of Presbyterian History 61* (1983): 210-26; John Byron, Recent Research on Paul and Slavery (Sheffield: Phoenix Press, 2008).
29. 即愛爾蘭劇作家蕭伯納——譯注。
30. Elizabeth Cady Stanton, ed., *The Woman's Bible*, vol. 2 (New York: European Pub. Co., 1898); George Bernard Shaw, "Preface on the Prospect of Christianity" (1912).
31. Kathy Ehrensperger, *That We May Be Mutually Encouraged: Feminism and the New Perspective in Pauline Studies* (London: T&T Clark, 2004); Karen Armstrong, *St. Paul: The Misunderstood Apostle* (London: Atlantic Books, 2015).
32. 即猶太人與希臘人、奴隸與自由人，以及男人與女人。作者原文是「三個範疇」。下同——譯注。

團體餐中的平等性，似乎是保祿宣講中經常關注的一點。在格前十一17-34中，他痛斥格林多人，因為他們將團體餐變成了一個分裂和不平等的地方。「你們聚集在一處，並不是為吃主的晚餐，因為你們吃的時候，各人先吃自己的晚餐，甚至有的饑餓，有的卻醉飽。難道你們沒有家可以吃喝嗎？或是你們想輕視天主的教會，叫那些沒有的人羞慚嗎？」（格前十一20-22）

就連保祿的「對信德軟弱的人，你們該容納」（羅十四1）的勸誡，也在團體餐的末世語境中找到其最適當的背景。「有人以為甚麼都可吃，但那軟弱的人只吃蔬菜。有人以為這日比那日強，但也有人以為日日都一樣」（羅十四2、5）。保祿明確提到了「天主的國」，這表明，保祿在談論一個和此世無關，而是與來世有關的問題：「天主的國並不在於吃喝，而在於義德、平安以及在聖神內的喜樂」（羅十四17）。團體餐是神秘的時刻，那時團體成員和天使一起參與，在基督內成為一體，如他們在來世時一樣。保祿「在主耶穌內[33]……深信：沒有甚麼本身是不潔的」（羅十四14）。但是，平安與和諧是重要的，要求對那些軟弱的人要審慎和寬容，甚至在應有完全的「平等」的末世語境裏：「那吃的，不要輕視不吃的；不吃的，也不要判斷吃的……那遵守日子的，是為主而遵守【；那吃的，是為主而吃，】[34] 因為他感

33.「在主耶穌內」：按作者原文；與新約希臘文原文一致。思高聖經譯為「在耶穌基督內」──譯注。

34.中括弧內的經文在作者原文中無，系譯者根據思高聖經和新約希臘文原文添加，為使意思更清晰──譯注。

謝天主；那不吃的，也是為主而不吃，他也感謝天主。」（羅十四3、6）

　　另一方面，對於保祿來說，平等不是一個可以應用到日常生活中的標準。保祿既允許女性在天使前的團體餐中說預言，認為她們在基督內領受了「屬於權下的表記」（格前十一10）的，同時也說「女人的頭是男人」（格前十一3），以及女性應按此世的習俗，在教會的公開集會中「緘默」（格前十四33-36）。同樣，保祿提醒費肋孟（腓利門），他和敖乃息摩（阿尼西謀）現在是弟兄，但沒有讓費肋孟釋放其所有奴隸。[35]

　　在《格林多前書》第七章，「各人在甚麼身份上蒙召，就該安於這身份」（七20）的一般性建議，針對男性和女性（丈夫和妻子，結婚者和未結婚者，格前七1-16），猶太人和外邦人（受割禮者和未受割禮者，格前七17-20），以及奴隸和主人（格前七21-24）。從早期耶穌運動的視角看，基督的來臨和末日的迅速臨近（「時限是短促的」，格前七29）從根本上改變了人類關係（「這世界的局面正在逝去」，格前七31），但尚未廢除對民族、性別和社會地位的劃分。猶太人還是猶太人，外邦人還是外邦人，男性、女性、奴隸和主人全都保持現有的身份。基督的（第一次）來臨，已使建立不衝突的關係成為可能。用納諾斯的話說，「對福音真理來說很基本的是：保持差異，承認社會邊界，但不應有歧視。」[36]

---

35. 參《費肋孟書》，尤其第10、16節——譯注。
36. Nanos, *Reading Paul within Judaism*, 40.

　　科林・紐特爾（Karin B. Neutel）所定義的保祿的「世界性理想」[37]不是慈善或哲學的舉動，也不是社會改革的政治宣言，而是此世和來世的新現實之間的默示性張力的結果。天主的國尚未在地上建立，但已藉由默西亞的來臨而開始。

　　與此一致的是，保祿傳統宣揚，此世猶太人和外邦人之間的「仇恨」的終結（「〔耶穌〕[38] 是我們的和平，他使雙方合而為一；他以自己的肉身，拆毀了中間阻隔的牆壁，就是雙方的仇恨」，弗二14），正如男性和女性，奴隸和主人，如今都受邀在他們的關係中活出愛與和諧：「你們作妻子的，應當服從自己的丈夫……你們作丈夫的，應該愛妻子」（弗五22-33；哥三18-19）；「作奴隸的，應該事事聽從肉身的主人……作主人的，要以正義公平對待奴僕」（弗六5-9、哥三22—四1）。

　　論及參加耶穌運動的奴隸和主人，以及男性和女性，露西・佩皮亞特（Lucy Peppiatt）也得出相似的結論：「他們現在在教會背景裏一同吃飯……所以，儘管在當時的社會，成為基督徒並沒有直接導致地位的變化，但當他們一起在教會裏敬拜，他們『在基督內』的地位優於他們的社會地位……他們已合而為一。你可以說，教會是對天堂的些微體驗。」[39]

---

37. Karin B. Neutel, *A Cosmopolitan Ideal: Paul's Declaration 'Neither Jew Nor Greek, Neither Slave Nor Free, Nor Male and Female' in the Context of First-Century Thought* (London: Bloomsbury T&T Clark, 2016).
38.「耶穌」：按作者原文。思高聖經譯為「基督」。新約希臘文原文是「他」——譯注。

　　這正是保祿關於猶太人和外邦人的默示觀所表達的。「在基督內」的平等是一種末世狀態，還不是一個在此世完全實現的現實。除了他們聚在一起吃團體餐的情形，保祿期望，團體受割禮的成員是遵守妥拉者，外邦成員是敬畏天主者。他期望，猶太人和外邦人就像丈夫和妻子，以及主人和奴隸那樣行事。他們「在基督內」神秘地變得平等（但尚非在此世的平等），在此世應按照他們自己不同的身份，活在和諧與互愛（但非平等）之中。在此世，民族、性別和社會範疇沒有廢除，也不會廢除。猶太人和外邦人、丈夫和妻子、主人和奴隸，應繼續在此世如此生活，直到他們進入天主的國，在那裏，所有這些區分都將最後廢除。那時（也只有那時），他們已在團體餐時體驗到的「天堂的味道」，將成為他們永久的狀態。

結語

　　保祿不是第一位向外邦人宣講的猶太人，也不是第一位給外邦人施洗的耶穌追隨者。但他使自己成為「外邦人的宗徒」（羅十一13）。他認為，在猶太罪人和外邦罪人之間，或在以色列家迷失的羊和萬民中迷失的羊之間，沒有區別。他們都是在惡的權勢下的奴隸，因對基督的同樣信仰成義，基督為了他們的救贖，獻出了自己。基督的血是他們自由的代價。保祿支持新信仰團體內的平等。他將猶太人和外邦人

---

39. Lucy Peppiatt, *Unveiling Paul's Women: Making Sense of 1 Corinthians 11:2-16* (Eugene, OR: Cascade Books, 2018), 19.

之間關係的一個（實際）問題（他們坐在同一張桌子前吃團體餐），轉化成一種獨特神學的出發點；他將這種神學總結在僅因信成義的概念中。保祿的反對者為了維持猶太人和外邦人之間的區分，認為末世的寬恕是根據信德和行為而調節的禮物。

保祿宣揚猶太人和外邦人、男性和女性、自由人和奴隸「在基督內」的平等——即民族、性別和社會地位劃分的崩塌。所有人都是親人，沒有人是敵人，但這些範疇沒有一個在或將在此世完全廢除。保祿請費肋孟接納他的奴隸敖乃息摩為基督內的兄弟，但沒有用在耶穌基督內再無奴隸或自由人的理由，告訴費肋孟，要解放他的所有奴隸。保祿在對基督的事奉上提到普黎斯加時，將其放在其丈夫阿桂拉之前（羅十六3-4），但他重申，「女人的頭是男人」（格前十一3）；他本可以說，在耶穌基督內，再沒有男性和女性之間的區分。

保祿宣揚，在基督內，猶太人和外邦人之間的敵意終結了，但他為何只在這一種情形下主張這樣的區分不再有效？如果如漢斯‧迪特爾‧貝茨（Hans Dieter Betz）所主張的，首批基督徒的理念包括了「廢除猶太人和希臘人、奴隸和自由人、男性和女性之間的宗教和社會區分」，[40]可在古代，沒有人——奴隸和女性肯定沒有——注意到這種廢除；他們沒有被賦予平等，甚至在教會有權力如此做的時候也同樣。

諷刺的是，基督宗教神學很快強調了猶太人和外邦人之間區分的絕對和確定的終結，以作為此世、此地和此時的神

---

40. Hans Dieter Betz, *Galatians: A Commentary on Paul's Letters to the Churches in Galatia*, Hermeneia (Philadelphia: Fortress, 1979), 190.

聖法令，但對廢除性別和社會地位的任何區分，沒有採取同樣強硬的姿態。保祿或者廢除了所有這三對範疇，或者沒有廢除其中任何一對。

第九章

天主對罪人仁慈的使者保祿

並非宣講毀滅的先知

本書的分析還原了保祿的形象：他是天主愛和仁慈的宣講者，而不是仇恨和不寬容的宣講者。保祿並不是宣講毀滅的先知，譴責所有（猶太人和外邦人）不承認是罪人和不相信耶穌基督的人下地獄。保祿是天主對罪人（猶太人和外邦人）的仁慈的先驅。

路德宗對保祿的傳統觀點強調了恩寵的中心性，正確地將因信成義理解為天主仁慈的恩寵行動。「當基督為之而死的罪人信仰耶穌基督，他們就由天主宣告成義。」[1] 然而，奧斯定和路德將對惡的權勢的默示性哀歎，轉化為行善在形而上學上的不可能性，從而將保祿的福音──這福音是天主藉由耶穌賜給罪人的寬恕的末世之恩──變成了給所有人的救恩

1. Stephen Westerholm, *Justification Reconsidered: Rethinking a Pauline Theme* (Grand Rapids: Eerdmans, 2013), 22.

的必要前提。保祿的信息是所有人（猶太人和外邦人）都「在罪惡權勢之下」（羅三9），但並非他們全該定罪。人類的自由意志雖然有限，但沒有被原罪摧毀，最後審判也一直是「照每人的行為」（羅二6）。

桑德斯的《保祿與巴勒斯坦猶太教》（1977年）是一個標竿和傑作。[2] 這本專著將保祿研究從最貶損的反猶太因素中救贖出來，尤其不同意恩寵與法律之間的對立，是基督宗教與猶太教之間不可調和的分界線。但是，桑德斯的結論需要重新考慮和更新。保祿並不像桑德斯所描述的那樣，呈現了「一種本質上不同類型的宗教性，不同於巴勒斯坦猶太文學中的任何作品」，[3] 他也沒有「明確否認猶太盟約對於救恩可以是有效的，因此有意識地否認了猶太教的基礎」[4]。

一個新範式的時機已成熟。這個新範式不必駁斥過去的成就，而能整合對第二聖殿猶太教和基督宗教起源的當代研究的新成果。我們不再需要為了主張保祿的基督徒特質，而將他與猶太教分離；我們也不需要為了主張他的猶太性，而將他與早期耶穌運動分離。作為一世紀的猶太宗教領袖，保祿沒有生活在孤絕和完全的神學獨特性之中，而是無論在第二聖殿猶太教，還是在早期耶穌運動中（他和當代對觀福音傳統以及《宗徒大事錄》的關聯，比一般認為的遠為緊密），都同樣自由自在。

---

2. E. P. Sanders, *Paul and Palestinian Judaism: A Comparison of Patterns of Religion* (London: SCM, 1977).

3. Sanders, *Paul and Palestinian Judaism*, 543.

4. Sanders, *Paul and Palestinian Judaism*, 551.

自豪的猶太人，自豪的耶穌追隨者

　　保祿是第二聖殿猶太人。他出生、活著和死去時，都是第二聖殿猶太人。在他的主要宗教和民族身份裏，沒有改變過甚麼。像所有第二聖殿猶太人一樣，保祿也有個觀念，即天主召叫所有人成義，向他們默示了天主的意志（何為善，以及何為惡）——對猶太人，按照妥拉；對外邦人，按照深植於每人良心中的自然律。沒有「藉口」或「偏袒」：在最後，審判將「照每人的行為」（羅二1-11）。

　　保祿成長為一個法利塞人，後來成為早期耶穌運動的一名領袖。他決定加入耶穌運動，不是皈依，而是猶太教內部的一個舉動，從一個猶太群體轉向另一個猶太群體。在第二聖殿猶太教的多樣性世界裏，改變的不是他作為猶太人的身份，而是他身為猶太人的方式，即他對猶太教的理解。他作為耶穌的一世紀猶太追隨者，擁護這個新信仰，從而不僅獲得一種末日即將來臨的感覺，以及耶穌是默西亞的信仰，也透過參加默西亞默示性運動，改變了他的世界觀。他接受對惡的超凡起源的默示觀，認為罪人不僅是為自己的行為負責的個人，也是惡的受害者，需要藉由天主恩寵性的介入（這種介入會在末日時使那些悔改的人成義），從而脫免惡的權勢。

　　天主所創造的好宇宙，被魔鬼及其天軍的反叛攪亂。這種發生在法律之外的宇宙性反叛，敗壞了世界，限制了人遵從天主意志的能力，使個人更難（雖然並非不可能）成義。由於天主不順服的兒子亞當（被魔鬼引誘和打敗）的墮落，所有人（猶太人和外邦人）受到惡的權勢的影響——他們「在

罪惡權勢之下」。保祿走得很遠，以致於他說，撒殫對天主不順服的兒子亞當的勝利，導致所有人（猶太人和外邦人）都成了「罪的奴隸」。

在伊甸園，魔鬼贏了那一天，但他沒有贏得反對天主的戰爭。天主是全能和仁慈的。惡的勝利是暫時的，不僅因為天堂裏的善天使已打敗墮落的天使，而且因為天主出於仁慈，如今已藉由天主順服的兒子耶穌的介入，抵消惡在地上的權勢。在天主的兩個兒子亞當和耶穌之間，存在完美的對稱：一個是惡的權勢，另一個是恩寵的權能。亞當的墮落導致惡在法律之外傳佈，限制了人的自由；同樣，耶穌的順服帶來法律之外的恩寵，恢復了人的自由。亞當的墮落導致許多人成為罪人；同樣，默西亞耶穌的死亡和自我犧牲使許多人成義──所有那些（首先是猶太人，然後是外邦人）信仰耶穌是在天主前成義的中介的人。

保祿期待所有罪人（猶太人和外邦人）在因恩寵的行動成義和潔淨了他們過去的罪之後，可以終生行善，並在天主的幫助下，會保持「在我們的主耶穌基督的日子上，無瑕可指」（格前一8），在最後審判時，躋身義人之列。「在地上有權柄赦罪」的「人子」耶穌（谷二10、瑪九6、路五24），將很快作為最後的審判者返回。「在發命時，在總領天使吶喊和天主的號聲響時，主要親自由天降來」（得前四16），「照每人的行為」，執行最後審判，作義人（猶太人和外邦人）以及已悔改且因信成義，並在基督內一直保持正義的（以前的）罪人的救主。只有不悔改者將被定罪。

和耶穌運動的其他成員不同，保祿拒絕接受受洗的外邦

人在教會內有不同或更低的地位。他認為，在猶太罪人和外邦罪人之間，沒有區別：兩者都是「罪的奴隸」，都「僅因信」得到寬恕。這並不意味他支持在此世廢除猶太人和外邦人之間的區分。相反，和在性別以及社會區分上的情形一樣，他接受這種區分，認為這是不可避免的（或許甚至是天主安排的）現實，需要減輕但不會廢除，直到來世的建立；那時，這些區分最終都會消失。保祿作為猶太人，在領受了耶穌對以色列家迷失的羊所許諾的末世寬恕之恩後，決定將自己的生命獻給萬民中迷失的羊。作為外邦人的宗徒，他宣稱，他受到耶穌的召叫，讓他特別成為外邦罪人的使者，宣揚這個成義的機會，而其他宗徒則專心致志於猶太罪人。

　　保祿相信，成義來自法律之外，是僅僅藉由信仰而領受的末世之恩，但他從未想要讓成義作為通往救恩的唯一道路，因為普世的最後審判是按照每人的行為。他從未質疑妥拉的有效性，或相信法律太難以遵守；他唯一關注的是人們「在罪惡權勢之下」服從法律的困難。保祿是一位遵守妥拉的猶太人，相信因信成義是默西亞耶穌在最後審判迫近時，向所有罪人（不僅向外邦人）賜下的末世之恩。這是否意味著，他相信猶太人應當摒棄對妥拉的順服，以及猶太人不經洗禮就不能得救？絕對不是。

　　當保祿重複眾所周知的猶太教義「所有人都是罪人」時，他同意一個默示性觀念，即人類分為義者和不義者。但如今，末日已來臨，藉由寬恕而領受成義的可能性已賜給了悔改的不義者。保祿對外邦人宣講，但他的信息並非僅針對外邦人，也不是僅與他們有關。相同的福音宣告給猶太人和外

邦人，即對罪人的寬恕之恩的福音：「我是受了委託，向未受割損的人，宣傳福音，就如伯多祿被委派向受割損的人宣傳福音一樣。」（迦二 7）唯一不同的是：伯多祿向以色列家迷失的羊宣講天主的寬恕，而保祿向萬民中迷失的羊宣講同樣的信息。

無疑，保祿對惡的權勢持悲觀看法。他將人類的境況和被魔鬼打敗和奴役的族群對比，但他應該會同意一個原則，即只有病人需要醫生。病人同時包括猶太人和外邦人，但不是他們所有人：義人（猶太人和外邦人）不需要醫生（谷二 17、瑪九 12-13、路五 31-32）。

沒有人被排除在外：猶太人、外邦人、罪人

一旦置於其原初的猶太默示性語境，就連保祿最複雜和最難的篇章，也復原了其一致性和清晰性，在今日世界取得出乎意料的共鳴。

保祿思想對基督宗教神學的可能影響，尤其對基督徒和猶太人之間的關係的可能影響，是最重要的。保祿不是取代論者；他從未想讓因信成義替代按每人行為的審判，或取代梅瑟妥拉。他期望所有那些成義，如今活在基督內的人，可以得救；因為他們過去的罪已得到寬恕，他們的生命如今充滿了善行。但他沒有認為，這是理所當然的，甚至對他自己也如此；因信成義是一種復興（不是取消）人類責任和支持（不是廢除）天主盟約（包括梅瑟妥拉）的方式。

同樣相關的是，保祿思想對基督徒與其他宗教和信仰

體系的追隨者之間的總體關係的可能影響。說所有人為了得救，就必須信仰基督，是對保祿宣講的信息的一種誤解，因為對所有人，最後審判將按照每人的行為。同樣，說猶太人有妥拉，而基督徒有基督，也沒有信實地呈現保祿的立場。基督不是賜給全人類通往救恩的*唯一*道路；基督也不是賜給外邦人通往救恩的*第二條*道路，和給猶太人的妥拉並列。毋寧說，基督是通往救恩的*第三條*道路，尤其賜給罪人（猶太人和外邦人）。罪人「在罪惡權勢之下」，沒有按妥拉和自然律生活；天主曾將妥拉和自然律分別賜給猶太人和外邦人，作為義人通往救恩的有效途徑。

在保祿看來，基督是天主的禮物，並非賜給所有人，而是賜給許多人——即罪人。義人（猶太人和外邦人）將因他們的善行得救。保祿知道，惡的權勢使全人類難以成義：對於猶太人，成義的方式是遵循妥拉；對於外邦人，成義的方式是遵循深植在每人良心中的自然律。他宣講的福音是：在末日，罪人（猶太人和外邦人）藉由天主在公義之外的仁慈，被賜予悔改和在基督內成義的非凡的可能性。罪人（猶太人和外邦人）被給與第二次重生的機會，使他們過去的罪得到寬恕。保祿不是路德宗信徒。他從未教導因信成義是唯一的道路；他是向罪人宣告因信成義（即過去的罪得到寬恕）。保祿宣講的不是通往救恩的兩條不同道路（一條給猶太人，一條給外邦人），而是三條：正義的猶太人有妥拉；正義的外邦人有他們自己的良知；罪人，即以色列家和萬民中迷失的羊，他們在罪的權勢之下無望地墮落了，現在他們有寬恕者基督。

參考書目

Ambrose, Kimberly. *Paul Among the Jews: Rehabilitating Paul.* Eugene, OR: Wipf and Stock, 2015.

Armstrong, Karen. *St. Paul: The Apostle We Love to Hate.* Boston: Houghton Mifflin Harcourt, 2015.

Arnold, Brian J. *Justification in the Second Century.* Minneapolis: Fortress, 2013.

Barclay, John M. G. *Paul and the Gift.* Grand Rapids: Eerdmans, 2015.

Baur, Ferdinand Christian. *Paulus der Apostel Jesu Christi: sein Leben und Wirken, seine Briefe und seine Lehre.* Stuttgart: Becher & Muller, 1845. 2nd rev. ed. Edited by Eduard Zeller. 1866–67.

Beker, J. Christiaan. *Paul's Apocalyptic Gospel: The Coming Triumph of God.* Philadelphia: Fortress, 1982.

——— . *Paul the Apostle: The Triumph of God in Life and Thought.* Philadelphia: Fortress, 1980.

Bird, Michael F. *An Anomalous Jew: Paul among Jews, Greeks, and Romans.* Grand Rapids: Eerdmans, 2016.

Blackwell, Ben C., John K. Goodrich, and Jason Maston, eds. *Paul and the Apocalyptic Imagination.* Minneapolis: Fortress, 2016.

Boccaccini, Gabriele, ed. *Enoch and the Messiah Son of Man: Revisiting the Book of Parables.* Grand Rapids: Eerdmans, 2007.

——— . *Middle Judaism: Jewish Thought, 300 BCE to 200 CE.* Minneapolis: Fortress, 1991.

——— . *Roots of Rabbinic Judaism: An Intellectual History, from Ezekiel to Daniel.* Grand Rapids: Eerdmans, 2002.

Boccaccini, Gabriele, and Carlos A. Segovia, eds. *Paul the Jew: Rereading the Apostle as a Figure of Second Temple Judaism.* Minneapolis: Fortress, 2016.

Bock, Darrell, and James H. Charlesworth, eds. *Parables of Enoch: A Paradigm Shift.* London: Bloomsbury, 2014.

Boers, Hendrikus. *The Justification of the Gentiles: Paul's Letters to the Galatians and Romans.* Peabody, MA: Hendrickson, 1994.

Bousset, Wilhelm. *Die Religion des Judentums im neutestamentlichen Zeitalter.* Berlin: Reuther & Reichard, 1903; 2nd ed. 1906; 3rd rev. ed. *Die Religion des Judentums im späthellenistischen Zeitalter.* Edited by Hugo Gressmann. Tubingen: Mohr Siebeck, 1926.

———. *Kyrios Khristos: Geschichte des Christusglaubens von der Anfängen des Christentums bis Irenaeus.* Gottingen: Vandenhoeck & Ruprecht, 1913. ET: *Kyrios Christos: A History of the Belief in Christ from the Beginnings of Christianity to Irenaeus.* Translated by John E. Steely. Nashville: Abingdon, 1970.

Boyarin, Daniel. *The Jewish Gospels: The Story of the Jewish Christ.* New York: New Press, 2012.

———. *A Radical Jew: Paul and the Politics of Identity.* Berkeley: University of California Press, 1994.

Byrne, Brendan. *Paul and the Christian Woman.* Homebush, NSW: St. Paul Publications, 1988.

Campbell, Douglas A. *The Deliverance of God: An Apocalyptic Rereading of Justification in Paul.* Grand Rapids: Eerdmans, 2009.

Capes, David B. *The Divine Christ: Paul, the Lord Jesus, and the Scriptures of Israel.* Grand Rapids: Baker Academic, 2018.

Charles, Robert Henry. *Religious Development between the Old and The*

New Testaments. London: Williams & Norgate, 1914.

Chiala, Sabino. *Libro delle Parabole di Enoc: testo e commento*. Brescia: Paideia Editrice, 1997.

Collins, John J. *The Apocalyptic Imagination: An Introduction to Jewish Apocalyptic Literature*. 2nd ed. Grand Rapids: Eerdmans, 1998. 3rd ed. 2016.

―――. *The Apocalyptic Imagination: An Introduction to the Jewish Matrix of Christianity*. New York: Crossroad, 1984. 2nd ed.

―――. *The Invention of Judaism: Torah and Jewish Identity from Deuteronomy to Paul*. Oakland: University of California Press, 2017.

Davies, J. P. *Paul among the Apocalypses?: An Evaluation of the 'Apocalyptic Paul' in the Context of Jewish and Christian Apocalyptic Literature*. London: Bloomsbury T&T Clark, 2016.

Davies, William D. *Paul and Rabbinic Judaism: Some Rabbinic Elements in Pauline Theology*. London: SPCK, 1948.

Dunn, James D. G. *The New Perspective on Paul*. Grand Rapids: Eerdmans, 2007.

―――. *The Theology of Paul the Apostle*. Grand Rapids: Eerdmans, 1998.

Ehrensperger, Kathy. *That We May Be Mutually Encouraged: Feminism and the New Perspective in Pauline Studies*. London: T&T Clark, 2004.

Ehrman, Bart D. *How Jesus Became God: The Exaltation of a Jewish Preacher from Galilee*. New York: HarperOne, 2014.

Eisenbaum, Pamela Michelle. *Paul Was Not a Christian: The Original Message of a Misunderstood Apostle*. San Francisco: HarperOne, 2009.

Everling, Otto. *Die paulinische Angelologie und Dämonologie: ein biblisch-theologischer Versuch*. Gottingen: Vandenhoeck & Ruprecht, 1888.

Fee, Gordon D. *Pauline Christology: An Exegetical-Theological Study*. Peabody, MA: Hendrickson, 2007.

Flusser, David. "The Dead Sea Sect and Pre-Pauline Christianity." In *Aspects of the Dead Sea Scrolls*, edited by Chaim Rabin and Yigael Yadin, 215–66. Jerusalem: Hebrew University Press, 1958.

Fredriksen, Paula. *Paul the Pagans' Apostle*. New Haven: Yale University Press, 2017.

Gager, John J. *Reinventing Paul*. Oxford: Oxford University Press, 2000.

———. *Who Made Early Christianity?: The Jewish Lives of the Apostle Paul*. New York: Columbia University Press, 2015.

Gaston, Lloyd. *Paul and the Torah*. Vancouver: University of British Columbia Press, 1987.

Gathercole, Simon J. *Where Is Boasting?: Early Jewish Soteriology and Paul's Response in Romans 1–5*. Grand Rapids: Eerdmans, 2002.

Hagerland, Tobias. *Jesus and the Forgiveness of Sins: An Aspect of His Prophetic Mission*. Cambridge: Cambridge University Press, 2012.

Hall, Sidney G. *Christian Anti-Semitism and Paul's Theology*. Minneapolis: Fortress, 1993.

Hurtado, Larry W. *Lord Jesus Christ: Devotion to Jesus in Earliest Christianity*. Grand Rapids: Eerdmans, 2003.

Jewett, Robert. *Romans: A Commentary*. Minneapolis: Fortress, 2007.

Kabisch, Richard. *Die Eschatologie des Paulus in ihrer Zusammenhangen mit dem Gesamthegriff des Paulus*. Gottingen: Vandenhoeck & Ruprecht, 1893.

Kinzer, Mark. *Post-Missionary Messianic Judaism: Redefining Christian Engagement with the Jewish People.* Grand Rapids: Brazos Press, 2005.

Klausner, Joseph. *From Jesus to Paul.* London: Allen & Unwin, 1942.

Langton, Daniel R. *The Apostle Paul in the Jewish Imagination.* Cambridge: Cambridge University Press, 2010.

Lapide, Pinchas, and Peter Stuhlmacher, *Paulus: Rabbi und Apostel.* Stuttgart: Calwer, 1981. ET: *Paul: Rabbi and Apostle.* Translated by Lawrence W. Denef. Minneapolis: Augsburg, 1984.

Larsson, Stefan. "Just an Ordinary Jew: A Case Why Paul Should Be Studied within Jewish Studies." *Nordisk Judaistik / Scandinavian Jewish Studies* 29.2 (2018): 3–16.

Levine, Amy-Jill, ed. *A Feminist Companion to Paul.* London: T&T Clark, 2004.

Maccoby, Hyam. *The Mythmaker: Paul and the Invention of Christianity.* New York: Harper & Row, 1986.

Matlock, R. Barry. *Unveiling the Apocalyptic Paul: Paul's Interpreters and the Rhetoric of Criticism.* Sheffield: Sheffield Academic, 1996.

Montefiore, Claude G. *Judaism and St. Paul: Two Essays.* London: Max Goschen, 1914.

Moore, George F. "Christian Writers on Judaism." *HTR* 14 (1921): 197–254.

———. *Judaism in the First Centuries of the Christian Era: The Age of the Tannaim.* 3 vols. Cambridge: Harvard University Press, 1927–30.

Munck, Johannes. *Paulus und die Heilsgeschichte.* Aarhus: Universitetsforlaget, 1954. ET: *Paul and the Salvation of Mankind.* Translated by Frank Clarke. London: SCM, 1959.

Murphy-O'Connor, Jerome, ed. *Paul and Qumran: Studies in New Testament Exegesis.* London: Chapman, 1968.

Nanos, Mark D. *The Irony of Galatians: Paul's Letter in First-Century Context.* Minneapolis: Fortress, 2002.

———. *The Mystery of Romans.* Minneapolis: Fortress, 1996.

———. *Reading Paul within Judaism.* Eugene, OR: Cascade, 2017.

Nanos, Mark D., and Magnus Zetterholm, eds. *Paul within Judaism: Restoring the First-Century Context to the Apostles.* Minneapolis: Fortress, 2015.

Neusner, Jacob, William Scott Green, and Ernest Frerichs, eds. *Judaisms and their Messiahs at the Turn of the Christian Era.* Cambridge: Cambridge University Press, 1987.

Neutel, Karin B. *A Cosmopolitan Ideal: Paul's Declaration 'Neither Jew Nor Greek, Neither Slave Nor Free, Nor Male and Female' in the Context of First-Century Thought.* London: Bloomsbury T&T Clark, 2016.

Nickelsburg, George W. E. *1 Enoch 1.* Minneapolis: Fortress, 2001.

Nickelsburg, George W. E., and James C. VanderKam. *1 Enoch 2.* Minneapolis: Fortress, 2012.

Oliver, Isaac W., and Gabriele Boccaccini, eds. *The Early Reception of Paul the Second Temple Jew.* London: Bloomsbury T&T Clark, 2018.

Parkes, James. *Jesus, Paul, and the Jews.* London: SCM Press, 1936.

Patterson, Stephen J. *The Forgotten Creed: Christianity's Original Struggle against Bigotry, Slavery, and Sexism.* Oxford: Oxford University Press, 2018.

Penna, Romano. *L'apostolo Paolo: Studi di esegesi e teologia.* Milan: Paoline, 1991. ET: *Paul the Apostle: A Theological and Exegetical*

Study. Translated by Thomas P. Wahl. Collegeville, MN: Liturgical Press, 1996.

Peppiatt, Lucy. *Unveiling Paul's Women: Making Sense of 1 Corinthians 11:2–16*. Eugene, OR: Cascade, 2018.

————. *Women and Worship at Corinth: Paul's Rhetorical Arguments in 1 Corinthians*. Cambridge: James Clarke, 2017.

Pesce, Mauro. *Le due fasi della predicazione di Paolo*. Bologna: Dehoniane, 1994.

Protho, James B. *Both Judge and Justifier: Biblical Legal Language and the Act of Justifying in Paul*. Tubingen: Mohr Siebeck, 2018.

Raisanen, Heikki. *Paul and the Law*. Tubingen: Mohr Siebeck, 1983.

Roetzel, Calvin J. *Paul: A Jew on the Margins*. Louisville: Westminster John Knox, 2003.

Rudolph, David. *A Jew to the Jews: Jewish Contours of Pauline Flexibility in 1 Corinthians 9:19–23*. Tübingen: Mohr Siebeck, 2011.

Sacchi, Paolo. *L'apocalittica giudaica e la sua storia*. Brescia: Paideia, 1990. ET: *Jewish Apocalyptic and Its History*. Translated by William J. Short. Sheffield: Sheffield Academic, 1997.

————. *Storia del Secondo Tempio*. Turin: Marietti, 1994. ET: *The History of the Second Temple Period*. Translated by Thomas Kirk. Sheffield: Sheffield Academic, 2000.

Sanders, E. P. *Paul, the Law, and the Jewish People*. Philadelphia: Fortress, 1983.

————. *Paul and Palestinian Judaism: A Comparison of Patterns of Religion*. London: SCM, 1977.

Sandmel, Samuel. *The Genius of Paul*. New York: Farrar, Straus & Cudahy, 1958.

Schweitzer, Albert. *Die Mystik des Apostels Paulus*. Tubingen: Mohr Siebeck, 1930. ET: *The Mysticism of Paul the Apostle*. Translated by William Montgomery. London: Adam and Charles Black, 1931.

———. *Geschichte der Paulinischen Forschung*. Tubingen: Mohr Siebeck, 1911. ET: *Paul and His Interpreters: A Critical History*. Translated by William Montgomery. London: Adam and Charles Black, 1912.

Segal, Alan F. *Paul the Convert: The Apostolate and Apostasy of Saul the Pharisee*. New Haven: Yale University Press, 1990.

———. *Rebecca's Children: Judaism and Christianity in the Roman World*. Cambridge: Harvard University Press, 1986.

Sprinkle, Preston M. *Paul & Judaism Revisited: A Study of Divine and Human Agency in Salvation*. Downers Grove, IL: InterVarsity Press, 2013.

Stendahl, Krister. *Paul among the Jews and Gentiles*. Minneapolis: Fortress, 1976.

———. "Paul and the Introspective Conscience of the West." *Harvard Theological Review* 56 (1963): 199–215.

Stowers, Stanley K. *A Rereading of Romans: Justice, Jews, and Gentiles*. New Haven: Yale University Press, 1994.

Stuckenbruck, Loren T., and Gabriele Boccaccini, eds. *Enoch and the Synoptic Gospels: Reminiscences, Allusions, Intertextuality*. Atlanta: SBL Press, 2016.

Thackeray, Henry St. John. *The Relation of St. Paul to Contemporary Jewish Thought*. London: Macmillan, 1900.

Thiessen, Matthew. *Paul and the Gentile Problem*. Oxford: Oxford University Press, 2016.

Thomas, Matthew J. *Paul's 'Works of the Law' in the Perspective of*

Second Century Reception. Tubingen: Mohr Siebeck, 2018.

Thompson, Michael B. *The New Perspective on Paul.* Cambridge: Grove Books, 1976. Tilling, Chris. *Paul's Divine Christology.* Tubingen: Mohr Siebeck, 2012.

VanLandingham, Chris. *Judgment & Justification in Early Judaism and the Apostle Paul.* Peabody, MA: Hendrickson, 2006.

Waddell, James A. *The Messiah: A Comparative Study of the Enochic Son of Man and the Pauline Kyrios.* London: T&T Clark, 2011.

Watson, Francis. *Paul and the Hermeneutics of Faith.* London: T&T Clark, 2004.

―――. *Paul, Judaism, and the Gentiles: A Sociological Approach.* Cambridge: Cambridge University Press, 1986.

Weber, Ferdinand Wilhelm. *System der altsynagogalen palästinischen Theologie aus Targum, Midrasch und Talmud.* Leipzig: Dorffling & Franke, 1880. 2nd rev. ed. *Jüdische Theologie auf Grund des Talmud und verwandter Schriften.* Edited by Franz Julius Delitzsch and Georg Schnedermann. 1897.

Westerholm, Stephen. *Justification Reconsidered: Rethinking a Pauline Theme.* Grand Rapids: Eerdmans, 2013.

―――. *Perspectives Old and New on Paul: The "Lutheran" Paul and His Critics.* Grand Rapids: Eerdmans, 2004.

Witherington, Ben. *The Paul Quest: The Renewed Search for the Jew of Tarsus.* Downers Grove, IL: InterVarsity Press, 1998.

Wrede, William. *Paulus.* Halle: Gebauer-Schwetschke, 1904. 2nd ed. Tubingen: Mohr Siebeck, 1907. ET: *Paul.* Translated by Edward Lummis. London: Philip Green, 1907.

Wright, N. T. *Paul: A Biography.* New Haven: Yale University Press, 2017.

———. *Paul and His Recent Interpreters: Some Contemporary Debates.* Minneapolis: Fortress, 2015.

———. *Paul and the Faithfulness of God.* Minneapolis: Fortress, 2013.

———. *The Paul Debate: Critical Questions for Understanding the Apostle.* Waco, TX: Baylor University Press, 2015.

———. *What St. Paul Really Said: Was Paul of Tarsus the Real Founder of Christianity?* Grand Rapids: Eerdmans, 1997.

Yinger, Kent L., *The New Perspective on Paul: An Introduction.* Eugene, OR: Cascade, 2011.

———. *Paul, Judaism, and Judgment According to Deeds.* Cambridge: Cambridge University Press, 1999.

Young, Brad H. *Paul the Jewish Theologian: A Pharisee among Christians, Jews, and Gentiles.* Peabody, MA: Hendrickson, 1998.

Zetterholm, Magnus. *Approaches to Paul: A Student's Guide to Recent Scholarship.* Minneapolis: Fortress, 2009.

國家圖書館出版品預行編目資料

保祿思想中的救恩之路/加布里埃萊‧博卡契尼(Gabriele Boccaccini)著
；李建峰譯. -- 初版. -- 臺北市 : 啟示出版 : 英屬蓋曼群島商家庭傳媒
股份有限公司城邦分公司發行, 2024.06

面；　公分. -- (Knowledge系列 ; 29)

譯自 : Paul's three paths to salvation

ISBN 978-626-7257-39-5 (平裝)

1.CST: 聖經研究 2.CST: 神學 3.CST: 神恩

241.01　　　　　　　　　　　　　　113005475

線上版讀者回函卡

Knowledge系列 ; 29

保祿思想中的救恩之路

作　　　者／加布里埃萊‧博卡契尼（Gabriele Boccaccini）
原 書 名／*Paul's three paths to salvation*
譯　　　者／李建峰
審 訂 者／崔寶臣
企畫選書人／彭之琬
責 任 編 輯／彭之琬

版　　　權／吳亭儀、江欣瑜
行　　　銷／周佑潔、周佳葳
業　　　務／林詩富、吳藝佳
總 經 理／彭之琬
事業群總經理／黃淑貞
發 行 人／何飛鵬
法 律 顧 問／元禾法律事務所王子文律師
出　　　版／啟示出版
　　　　　　台北市南港區昆陽街 16 號 4 樓
　　　　　　電話：(02) 25007008　傳真：(02)25007759
　　　　　　E-mail:bwp.service@cite.com.tw
發　　　行／英屬蓋曼群島商家庭傳媒股份有限公司城邦分公司
　　　　　　台北市南港區昆陽街 16 號 8 樓
　　　　　　書虫客服服務專線：02-25007718；25007719
　　　　　　服務時間：週一至週五上午09:30-12:00；下午13:30-17:00
　　　　　　24小時傳真專線：02-25001990；25001991
　　　　　　劃撥帳號：19863813；戶名：書虫股份有限公司
　　　　　　讀者服務信箱：service@readingclub.com.tw
　　　　　　城邦讀書花園：www.cite.com.tw
香港發行所／城邦（香港）出版集團有限公司
　　　　　　香港九龍土瓜灣土瓜灣道86號順聯工業大廈6樓A室
　　　　　　電話：(852)25086231　傳真：(852)25789337　E-MAIL：hkcite@biznetvigator.com
馬新發行所／城邦（馬新）出版集團【Cite (M) Sdn Bhd】
　　　　　　41, Jalan Radin Anum, Bandar Baru Sri Petaling, 57000 Kuala Lumpur, Malaysia.
　　　　　　電話：(603) 90578822　傳真：(603) 90576622
　　　　　　Email: cite@cite.com.my

封 面 設 計／沈佳德
排　　　版／芯澤有限公司
印　　　刷／韋懋印刷事業有限公司

■2024 年 6 月 18 日初版
　　　　　　　　　　　　　　　　　　　　　　Printed in Taiwan
定價400元

城邦讀書花園
www.cite.com.tw

廣　告　回　函
北區郵政管理登記證
北臺字第000791號
郵資已付，免貼郵票

115　台北市南港區昆陽街16號4樓

英屬蓋曼群島商家庭傳媒股份有限公司城邦分公司　收

請沿虛線對摺，謝謝！

書號：1MC029　　書名：保祿思想中的救恩之路

讀者回函卡

感謝您購買我們出版的書籍！請費心填寫此回函卡，我們將不定期寄上城邦集團最新的出版訊息。

姓名：＿＿＿＿＿＿＿＿＿＿＿＿＿＿＿＿＿＿ 性別：□男 □女

生日：西元＿＿＿＿＿＿年＿＿＿＿＿＿月＿＿＿＿＿＿日

地址：＿＿＿＿＿＿＿＿＿＿＿＿＿＿＿＿＿＿＿＿＿＿＿

聯絡電話：＿＿＿＿＿＿＿＿＿＿ 傳真：＿＿＿＿＿＿＿＿＿

E-mail ：

學歷：□ 1. 小學 □ 2. 國中 □ 3. 高中 □ 4. 大學 □ 5. 研究所以上

職業：□ 1. 學生 □ 2. 軍公教 □ 3. 服務 □ 4. 金融 □ 5. 製造 □ 6. 資訊

　　　□ 7. 傳播 □ 8. 自由業 □ 9. 農漁牧 □ 10. 家管 □ 11. 退休

　　　□ 12. 其他＿＿＿＿＿＿＿＿＿＿＿＿＿＿＿

您從何種方式得知本書消息？

　　　□ 1. 書店 □ 2. 網路 □ 3. 報紙 □ 4. 雜誌 □ 5. 廣播 □ 6. 電視

　　　□ 7. 親友推薦 □ 8. 其他＿＿＿＿＿＿＿＿＿＿＿＿＿＿＿

您通常以何種方式購書？

　　　□ 1. 書店 □ 2. 網路 □ 3. 傳真訂購 □ 4. 郵局劃撥 □ 5. 其他＿＿＿＿＿

您喜歡閱讀那些類別的書籍？

　　　□ 1. 財經商業 □ 2. 自然科學 □ 3. 歷史 □ 4. 法律 □ 5. 文學

　　　□ 6. 休閒旅遊 □ 7. 小說 □ 8. 人物傳記 □ 9. 生活、勵志 □ 10. 其他

對我們的建議：＿＿＿＿＿＿＿＿＿＿＿＿＿＿＿＿＿＿＿＿

　　　　　　　＿＿＿＿＿＿＿＿＿＿＿＿＿＿＿＿＿＿＿＿＿

　　　　　　　＿＿＿＿＿＿＿＿＿＿＿＿＿＿＿＿＿＿＿＿＿